ZHISHENG
ZHI DAO

制胜

之道

总主编
曹健华

坚持人民至上

JIANCHI RENMIN ZHISHANG

湖南教育出版社 · 长沙

总 主 编 曹健华

副总主编 吴厚庆 蔡文辉 刘 艺

编 委 会 （按姓氏笔画排序）

王 晔 王 蔚 王海峰 艾医卫 伍先禄 刘 艺
刘新民 李美玲 吴厚庆 何良安 易 武 胡新良
曹健华 谢兵良 蔡文辉 霍修勇

本册主编 艾医卫

本册副主编 孙翊锋

本册作者 宋安平 孙翊锋 艾医卫 杨 丹 牛 磊 王雪珍
刘 亮 许 卓 何 敏 朱思楚

序　言

中国特色社会主义进入新时代，以习近平同志为主要代表的中国共产党人坚持把马克思主义基本原理同中国具体实际相结合、同中华优秀传统文化相结合，坚持毛泽东思想、邓小平理论、“三个代表”重要思想、科学发展观，深刻总结并充分运用党成立以来的历史经验，从新的实际出发，创立了习近平新时代中国特色社会主义思想。为贯彻落实习近平新时代中国特色社会主义思想，党中央就学习党的历史、总结历史经验作出了一系列重大部署。

2021年2月20日，党中央启动党史学习教育，要求全党同志做到学史明理、学史增信、学史崇德、学史力行，学党史、悟思想、办实事、开新局，以昂扬姿态奋力开启全面建设社会主义现代化国家新征程，以优异成绩迎接建党100周年。7月1日，习近平总书记在庆祝中国共产党成立100周年大会上发表重要讲话，回顾了党的百年历史、总结了伟大成就、提出了“九个必须”的根本要求。11月8日至11日，党的十九届六中全会召开，审议通过的《中共中央关于党的百年奋斗重大成就和历史经验的决议》提出：一百年来，党领导人民进行伟大奋斗，在进取中突破，于挫折中奋起，从总结中提高，积累了宝贵的历史经验。这就是坚持党的领导，坚持人民至上，坚持理论创新，坚持独立自主，坚持中国道路，坚持胸怀天下，坚持开拓创新，坚持敢于斗争，坚持统一战线，坚持自我革命。以上十个方面，是经过长期实践积累的宝贵经验，是党和人民共同创造的精神财富，必须倍加珍惜、长期坚持，并在新时代实践中不断丰富和发展。

中国共产党全面总结党的百年奋斗重大成就和历史经验，对推动全党进一步统一思想、统一意志、统一行动，团结带领全国各族人民夺取新时代中国特色社会主义新的伟大胜利，具有重大现实意义和深远历史意义。决议有助于党员干部增强“四个意识”，坚定“四个自信”，做到“两个维护”，捍卫“两个确立”。当前和今后一段时间，学习宣传阐释党的十九届六中全会精神是一项重要政治任务，广大理论工作者尤其是党校理论工作者必须在这一关键时刻担当使命，积极作为。正是因为有了这种责任感和使命感，中共湖南省委党校（湖南行政学院）、韶山干部学院在党的十九届六中全会召开后就积极行动起来，校（院）委第一时间传达会议精神，专家学者们在湖南卫视、湖南经视、红网等主流媒体进行解读，13 位省委党校的专家学者入选湖南省十九届六中全会精神宣讲团。为了给广大党员干部提供鲜活的学习教材，省委党校、韶山干部学院发挥师资力量雄厚、研究基础良好、善于团结协作的优势，编辑出版了“制胜之道”丛书。

该丛书以习近平新时代中国特色社会主义思想为指导，对《中共中央关于党的百年奋斗重大成就和历史经验的决议》提出的十条历史经验进行全面系统深入学习研究。丛书对标决议原文、立足百年党史、着眼重大成就，以宏阔的视野阐释百年历史经验，包括其重大意义、形成条件、基本内涵、实践基础、时代要求等内容，力求用活泼的语言表达深邃的思想、用严谨的逻辑彰显理论的魅力、用生动的案例印证历史的规律，做到权威性、理论性、可读性、趣味性有机融合，使之成为一套雅俗共赏的丛书，引导党员干部和广大人民群众学原文悟原理，切实汲取历史智慧、洞悉历史规律、掌握历史主动，进一步增强党史自信，旗帜鲜明抵制历史虚无主义，真正实现正本清源、固本培元。

回首来时路，我们热血沸腾、心潮澎湃。眺望前行路，我们壮志在胸、豪情满怀。让我们更加紧密地团结在以习近平同志为核心的党中央周围，勿忘昨天的苦难辉煌，无愧今天的使命担当，不负明天的伟大梦想，以史为鉴、开创未来，全面落实“三高四新”战略定位和使命任务，为全面建设富强民主文明和谐美丽的社会主义现代化新湖南不懈奋斗！为实现中华民族伟大复兴的中国梦奋勇前进！

编者

2022 年 1 月

前　言

党的十九届六中全会通过的《中共中央关于党的百年奋斗重大成就和历史经验的决议》中，将“坚持人民至上”作为党百年奋斗凝结而成的十条宝贵历史经验之一，揭示了党和国家事业发展的出发点和落脚点、力量源泉和根本动力，揭示了我们党永葆旺盛生命力和强大战斗力、始终立于不败之地的重要原因，是以习近平同志为核心的党中央高瞻远瞩、固本致远，为实现第二个百年奋斗目标，实现中华民族伟大复兴中国梦作出的重大经验总结与工作部署。

江山就是人民，人民就是江山，人心向背

关系党的生死存亡。正是因为始终依靠人民，我们党才能历经百年风雨，依然风华正茂。党的根基在人民、血脉在人民、力量在人民，人民是党执政兴国的最大底气。中国共产党始终把为中国人民谋幸福、为中华民族谋复兴作为自己的初心使命，始终践行为人民服务的根本宗旨，实现好、维护好、发展好最广大人民的根本利益。

时代是出卷人，我们是答卷人，人民是阅卷人。我们党在人民面前始终秉持答卷人的身份，保持赶考精神，虚心求教，自觉拜人民为师，以人民需求和人民标准作为治国理政的出发点和落脚点，牢记为人民谋幸福和为民族谋复兴的初心和使命。人民至上是习近平新时代中国特色社会主义思想的逻辑起点、实践支点与价值原点，是学习贯彻当代中国马克思主义的重要维度和关键环节。

人民是历史的创造者。马克思主义是我们

立党立国、兴党强国的根本指导思想，坚持人民至上是马克思主义人民群众观的本质体现。人民群众是历史的推动者，是物质财富和精神财富的创造者，是社会变革的决定性力量，中国共产党正是依靠人民才能创造历史伟业，才能从过去的成功走向更大的成功。

人民至上是中国共产党的核心价值理念。民生是最大的政治，从“为人民服务”到“全心全意为人民服务”，再到“人民至上”，中国共产党为人民服务的宗旨在百年实践中愈发深刻，初心和使命的践行路径愈发清晰，党治国理政的价值保障愈发牢靠。

坚持以人民为中心。人民对美好生活的向往就是我们的奋斗目标，新时代以来，我们党提出了以人民为中心的新发展思想，强调以人民为中心画出为民服务工作的最大同心圆，必须始终把人民放在最高位置，坚持一切工作的重心在人民身上。

坚持人民当家作主。人民当家作主是社会主义民主政治的本质和核心，要始终坚持为人民执政、靠人民执政。全过程人民民主是全链条、全方位、全覆盖的民主，人民是一切工作的出发点和落脚点。

坚持在发展中保障和改善民生。坚持在发展中保障和改善民生，是时代赋予我们的任务。必须优先发展教育事业，坚持“四个面向”，做好人才工作，在就业、社会保障、实施健康中国战略、构筑共建共治共享的社会治理格局上下大功夫。

坚持走全体人民共同富裕道路。社会主义道路是不断促进人的全面发展、全体人民共同富裕的道路，带领人民创造美好生活、实现共同富裕是中国共产党人矢志不渝的奋斗目标。

目　录

第一章

人民是历史的创造者

毛泽东同志指出："我们共产党人好比种子，人民好比土地。我们到了一个地方，就要同那里的人民结合起来，在人民中间生根、开花。"为人民谋幸福，是中国共产党一直高扬的政治追求。人民至上，是中国共产党所形塑和践行的最根本价值观。习近平总书记指出："党的根基在人民、血脉在人民、力量在人民。"百年来，中国共产党依靠人民建立了丰功伟绩，实现了党的第一个百年奋斗目标。实现党的第二个百年奋斗目标，同样要依靠人民。自古以来，得江山易，守江山难。对此，习近平总书记明确道出了破解这个历史难题的答案："紧紧依靠人民创造历史，坚持全心全意为人民服务的根本宗旨，站稳人民立场，贯彻党的群众路线，尊重人民首创精神，践行以人民为中心的发展思想。”这既是对百年来中国共产党坚持人民至上宝贵经验的深刻总结，又丰富发展了马克思主义人民观的内容，为我们做好未来的工作指明了方向。

一、历史是人民书写的

“历史是人民书写的，一切成就归功于人民。”同中外记者见面时，习近平总书记的庄严宣示，彰显坚定的人民立场，让人们看到中国共产党最大的政治优势、最鲜明的政治底色。光荣归于人民、感情系于人民、力量源于人民，这样的执政党无愧于人民政党，这样的百年大党永葆着赤子之心。

历史创造者问题，是一个历史观问题。对这一问题，自古以来就有两种截然不同的观点，曾长期流行的是英雄史观。一些人认为，“超人”是历史的主宰者，没有“超人”就没有历史，而人民群众则是“超人”用以实现其意志的工具。而马克思主义唯物史观则认为，人民群众是历史的主体，是历史的创造者，主要是基于：人民群众是社会物质财富的创造者；人民群众是社会精神财富的创造者；人民群众是社会变革的决定力量。没有人民群众，任何历史的画卷都不能展开，人民群众是历史演进的“剧中人”，又是历史过程的“剧作者”。对于历史唯物主义的这一基本原理，毛泽东同志强调，“人民，只有人民，才是创造世界历史的动力”；“群众是真正的英雄”。习近平总书记指出：“人民是创造历史的动力，我们共产党人任何时候都不要忘记这个历史唯物主义最基本的道理。”“我们党的百年历史，就是一部践行党的初心使命的历史，就是一部党与人民心连心、同呼吸、共命运的历史。”“人民是历史的创造者，是真正的英雄”。正是这样一种历史观造就了中国共产党的根基、血脉和力量。

关于历史创造者问题，近年来还出现了这样一种观点，即历史是由人民群众和英雄人物共同创造的。马克思主义学说并不否定英雄人物在历史发展中的作用，但英雄人物的作为要与人民群众密切结合起来。古今中外的杰出人物之所以“杰出”就在于这一点。否则，即使盛极一时，也最终会为历史淘汰。

在近现代中国，毛泽东同志就是这样一位与人民紧密联系创造了伟大历史的英雄人物。党的七大上，张闻天同志这样称赞他：“他的痛苦、欢喜与愤怒，就是人民的痛苦、欢喜与愤怒。他的力量，就是人民的力量。他与人民的结合是如此之密切，因而分不出究竟他是人民，还是人民是他！”可以说，古今中外的历史早已证明，英雄人物造时势，绝不能离开人民。对于英雄人物能否造时势，列宁说，主要看他能否带领人民的先锋队来迅速而正确地解决各种复杂的政治问题，从而把革命事业引向胜利。

群众是历史的主人，是“真正的英雄”。毛泽东同志曾指出，无论什么事，“没有满腔的热忱，没有眼睛向下的决心，没有求知的渴望，没有放下臭架子、甘当小学生的精神，是一定不能做，也一定做不好的”。习近平总书记强调，“要始终把人民放在心中最高的位置”“人民群众中蕴藏着治国理政、管党治党的智慧和力量”“在人民面前，我们永远是小学生，必须自觉拜人民为师，向能者求教，向智者问策”“人民是我们党的工作的最高裁决者和最终评判者”。向人民学习，紧紧地与人民连在一起，才能谈得上推进党的事业。

习近平总书记指出：“历史在人民的探索和奋斗中造就了中国共产党，中国共产党领导人民又造就了新的历史辉煌。”其中蕴含的历史观就是唯物史观，也就是人民创造历史的观点。

在新发展阶段，坚持这样一种历史观，特别要尊重和激发人民的创造性。为此，就需要有一种可以使创造性产生的空间和环境，就需要有孕育和发挥创造性的条件和舞台。新时代共产党人坚持马克思主义唯物史观，一方面要积极有为，锐意进取，立足现实，谋划未来；另一方面又要认清社会发展规律，尊重人民的创造性，为各方面人才搭建平台，让创新成果源源不断涌现出来。

中国共产党的人民性与生俱来。党的二大提出，“我们既然是为无产群众奋斗的政党，我们便要‘到群众中去’”。北伐战争胜利的一个重要原因，就是我们党努力深入发动工农群众，使大革命轰轰烈烈、如火如荼，北伐军一路势如破竹。土地革命战争时期，面对强大敌人的反复“围剿”，在敌我力量对比悬殊的情况下，红军和根据地能够生存、发展、壮大，取得多次反“围剿”的胜利，一个根本原因就在于我们党得到了广大人民群众的支持和拥护。毛泽东同志指出："真正的铜墙铁壁是什么？是群众，是千百万真心实意地拥护革命的群众"，"什么力量也打不破"。抗日战争时期，我们党始终坚持全面抗战路线，广泛发动群众，建立广大的敌后抗日根据地，推动形成了全民族抗战的历史洪流，使日本侵略者陷入了人民战争的汪洋大海。解放战争也是如此，正如习近平总书记所说的，"淮海战役胜利是靠老百姓用小车推出来的，渡江战役胜利是靠老百姓用小船划出来的"。事实证明，"战争的伟力之最深厚的根源，存在于民众之中"，正是我们党凭借着中国人民的这个伟力，推翻了"三座大山"，最终取得了新民主主义革命胜利，成立了中华人民共和国，中国人民从此站起来了。

新中国成立后，翻身作主的中国人民在党的领导下，焕发出极大的革命热情，自力更生、发愤图强，取得了社会主义革命和建设的伟大成就。依靠人民，我们确立了人民当家作主的政治制度；逐步形成独立的比较完整的工业体系和国民经济体系，改变了一穷二白的国家面貌；繁荣和发展了社会主义科学文化事业；成功爆炸了原子弹、氢弹，发射了人造地球卫星；等等。党的决策和号召得到人民群众的由衷拥护。

在探索社会主义建设道路上，我们遇到过不少困难，甚至是严重曲折，但由于党在人民群众中的崇高威信，由于人民群众对党的高度信任，我们都胜利地渡过了难关。

党的十一届三中全会开启了改革开放新的历史时期，我们党开辟、坚持和发展了中国特色社会主义的正确道路。邓小平同志指出："改革开放中许许多多的东西，都是群众在实践中提出来的"，他反复强调，要把人民拥护不拥护、赞成不赞成、高兴不高兴、答应不答应作为衡量全党想事情、做工作对不对、好不好的基本尺度。江泽民同志强调，“三个代表”重要思想的本质是执政为民，中国共产党要代表最广大人民的根本利益。胡锦涛同志强调，科学发展观的核心是以人为本，必须把实现好、维护好、发展好最广大人民根本利益作为一切工作的出发点和落脚点。正像习近平总书记所说，改革开放的历史伟剧是亿万人民群众主演的。

党的十八大以来，中国特色社会主义进入新时代，中国人民迎来了从站起来、富起来到强起来的伟大飞跃。习近平总书记鲜明提出坚持以人民为中心的发展思想。这一重要思想是对党的根本宗旨的最新概括，是习近平新时代中国特色社会主义思想的重要组成部分，作为“十四个坚持”基本方略中的一个重要内容，有着十分丰富的理论内涵和实践要求，具有很强的现实针对性和鲜明的时代特色。

面对人民群众反映强烈的腐败问题，以习近平同志为核心的党中央雷霆出击、重拳整治，一开始就明确坚持无禁区、全覆盖、零容忍反腐，一体推进不敢腐、不能腐、不想腐，“打虎”“拍蝇”“猎狐”取得实效，推动反腐败斗争取得压倒性胜利并全面巩固，政治生态得到净化和重塑。

面对人民群众普遍关心的环境问题，以习近平同志为核心的党中央把生态文明建设摆在全局工作的突出位置，将“生态文明体制改革”纳入全面深化改革的目标体系，从治理雾霾到打好污染防治攻坚战，从提出“绿水青山就是金山银山”到“环境就是民生，青山就是美丽，蓝天也是幸福”，我国生态环境保护发生历史性、转折性、全面性变化，人民群众的生态环境获得感、幸福感、安全感日益增强。

面对人民群众急盼解决的贫困问题，以习近平同志为核心的党中央承诺“决不能落下一个贫困地区、一个贫困群众”，提出“六个精准”“五个一批”“两不愁三保障”等有力举措，在决胜决战脱贫攻坚、全面建成小康社会方面创造了一个彪炳史册的人间奇迹：我们实现了第一个百年奋斗目标，在中华大地上全面建成了小康社会，历史性地解决了绝对贫困问题。

面对人民群众生命健康受到严重威胁的问题，以习近平同志为核心的党中央始终坚持人民至上、生命至上，举全国之力夺取了抗疫斗争的重大战略成果，充分展现了中国人民、中华民族的伟大力量和生命至上、举国同心、舍生忘死、尊重科学、命运与共的伟大抗疫精神。在新冠肺炎疫情危急的紧要关头，全国 3900 多万名党员干部战斗在抗疫一线，1300 多万名党员参加志愿服务，近 400 名党员干部为保卫人民生命安全献出了宝贵生命。

这些工作得到了人民群众的广泛称赞，党心民心得到极大提振。习近平总书记强调，检验我们一切工作的成效，最终都要看人民是否真正得到了实惠，人民生活是否真正得到了改善，这是坚持立党为公、执政为民的本质要求，是党和人民事业不断发展的重要保证。党的十八大以来，党中央统筹推进“五位一体”总体布局、协调推进“四个全面”战略布局，立足新发展阶段、贯彻新发展理念、构建新发展格局、推动高质量发展等，其出发点和落脚点都在人民，目的都是为了人民能够生活得更加美好。党的十九大报告把“人民”二字贯穿始终，全文共有 203 处提到“人民”，主题就是不忘初心、牢记使命。

《关于建国以来党的若干历史问题的决议》指出，群众路线是我们党长时期在敌我力量悬殊的艰难环境里进行革命活动的无比宝贵的历史经验的总结。习近平总书记在政治局集体学习的讲话中指出：“对我们这样一个长期执政的党而言，没有比忘记初心使命、脱离群众更大的危险。”一个讲“无比宝贵”，一个讲“更大的危险”，用的都是最高量级的词，说明打江山关键是赢得人心，守江山关键是守住人心。习近平总书记精辟指出：“我们党发展壮大起来不容易，夺取政权不容易，建设新中国不容易。老百姓衷心拥护中国共产党，就是因为中国共产党始终全心全意为人民服务、为各民族谋幸福。”

以史为鉴、开创未来，一是必须把人民对美好生活的向往作为奋斗目标。二是必须贯彻党的群众路线。三是必须发展全过程人民民主，维护社会公平正义，着力解决发展不平衡不充分问题和人民群众急难愁盼问题。四是必须推动人的全面发展、全体人民共同富裕取得更为明显的实质性进展。

二、人民是社会发展的根本动力

习近平总书记指出：“人民是历史的创造

者，是决定党和国家前途命运的根本力量。”中华人民共和国成立70年来，取得了举世瞩目的伟大成就，发生了天翻地覆的变化。在庆祝中华人民共和国成立70周年招待会上的讲话中，习近平总书记强调，70年来，中国人民发愤图强、艰苦创业，创造了“当惊世界殊”的发展成就，千百年来困扰中华民族的绝对贫困问题即将历史性地画上句号，书写了人类发展史上的伟大传奇！伟大成就离不开伟大力量，伟大力量来源于伟大人民。新中国的发展进步充分印证，人民群众是推动事业发展的力量源泉，是推动社会变革的决定性力量。

1. 人民群众的劳动创造是新中国发展进步的“驱动力”

唯物史观认为，人民群众是社会物质财富和精神财富的创造者，是社会变革的决定力量，在创造历史过程中起着决定作用。马克思、恩格斯指出，“历史活动是群众的事业”，决定历史发展的是“行动者的群众”。作为坚定的马克思主义者，中国共产党人始终坚信人民群众的劳动创造是社会发展的原动力。劳动成就梦想，创造铸就辉煌。劳动群众的创造，是社会发展进步最基本的源泉。新中国的发展进步绝不是从天上掉下来的，而是一代又一代中国人用自己的双手接力奋斗创造的。中华民族是充满智慧而又勤劳的伟大民族，创造了人类历史上唯一一个绵延 5000 多年至今未曾中断的文明。

新中国的成立，使中华民族从此进入了发展进步的历史新纪元，勤劳的中国人民响应党和国家号召积极投身社会生产建设、修建基础设施、支援边疆开发等，为恢复发展国民经济和社会主义现代化建设作出了巨大贡献。改革开放以后，从实行家庭联产承包、乡镇企业异军突起到农村承包地“三权”分置、打赢脱贫攻坚战，从兴办深圳等经济特区、沿海沿边沿江沿线和内陆中心城市对外开放到加入世界贸易组织，从搞好国营大中小企业、发展个体私营经济到深化国资国企改革、发展混合所有制经济……我国以前所未有的速度快速发展，大踏步赶上时代潮流。邓小平同志说："农村改革中的好多东西，都是基层创造出来的，我们把它拿来加工提高作为全国的指导。"党的十八大以来，人民群众辛勤劳动、诚实劳动、创造性劳动，苦干、实干、巧干，推动我国经济转型升级、推进创新型国家建设、推动经济高质量发展等，实现了从"中国制造"到"中国创造"的转变，确保中国经济在全球经济持续低迷背景下保持强劲势头。党的十九大报告将"坚持以人民为中心"确立为新时代坚持和发展中国特色社会主义的基本方略之一，这意味着不仅在经济社会发展方面要坚持以人民为中心的发展思想，而且在中国特色社会主义事业诸领域、各方面与全过程都必须坚持以人民为中心。

新中国成立 70 多年来，中国人民在创造巨大物质财富的同时，也创造了丰富的精神财富，一批批优秀文化作品不断呈现。实践充分证明，一切伟大的奇迹都是人民群众奋斗、创新的结果。正是我们党紧紧依靠人民，充分尊重人民首创精神、鼓励人民群众进行开创性探索，把蕴藏在人民群众中的无穷智慧和力量充分激发出来，才创造了令世界惊叹的“中国奇迹”。我们用几十年的时间走过了西方发达国家几百年走过的现代化历程，将新中国从成立之初的“一穷二白”建设成为世界上第二大经济体以及制造业、货物贸易、外汇储备第一大国，推动了中国从落后时代到大踏步赶上时代、引领时代的历史性跨越，使中华民族迎来了从站起来、富起来到强起来的伟大飞跃，前所未有地接近实现中华民族伟大复兴的目标。习近平总书记指出：“波澜壮阔的中华民族发展史是中国人民书写的！博大精深的中华文明是中国人民创造的！历久弥新的中华民族精神是中国人民培育的！中华民族迎来了从站起来、富起来到强起来的伟大飞跃是中国人民奋斗出来的！”

2. 人民群众的拼搏进取精神是新中国发展进步的“助推力”

毛泽东同志曾说，人总是要有一点精神的。精神是人的意识、思维活动，影响着人的行为。人有了良好的精神状态，就有了克服困难、超越自我的勇气和力量。奋斗拼搏的精神状态，不仅可以转化为攻坚克难的坚强意志，而且可以转化为推动事业蓬勃发展的强大力量，是社会发展进步的助推力。

新中国的发展进步，不仅是人民群众用勤劳双手“干”出来的，更是人民群众靠拼搏奋斗精神“拼”出来的。新中国的历史，就是中国人民在逆境中奋发、在奋斗中自强的历史。新中国的成立，推翻了帝国主义、封建主义、官僚资本主义的反动统治，结束了几千年来极少数剥削者统治广大劳动人民的历史，结束了近百年来帝国主义、殖民主义奴役中国人民的历史。成为新社会、新国家主人的中国人民，在建设社会主义旗帜的引领下，为甩掉积贫积弱的帽子，展现出斗志昂扬、奋发有为、励精图治的精神状态，推动社会主义革命和建设取得重大胜利。党的十一届三中全会后，中国人民在改革开放大潮中展现出顽强拼搏、自强不息、开拓创新、勇于变革等精神面貌，推动中国经济社会日新月异快速发展。党的十八大以来，在以习近平同志为核心的党中央坚强领导下，人民群众心怀梦想、积极进取、勇攀高峰、迎难而上，有效应对重大挑战、抵御重大风险、克服重大阻力、解决重大矛盾，推动了党和国家事业发生历史性变革、取得历史性成就。

“做一颗永不生锈的螺丝钉”的雷锋精神，“宁肯少活二十年，拼命也要拿下大油田”

的铁人精神，“立下愚公移山志，决心劈开太行山”的红旗渠精神，“敢闯敢试、敢为人先、埋头苦干”的特区精神，“一日三餐有味无味无所谓，爬冰卧雪冷乎冻乎不在乎”的塞罕坝精神，“特别能吃苦、特别能战斗、特别能攻关、特别能奉献”的航天精神等，就是中国人民以顽强拼搏的进取精神推动社会发展进步的充分展现。实践充分证明，人民群众的拼搏进取精神是不断战胜前进道路上各种风险考验、推进中国特色社会主义伟大事业的活力源泉和重要法宝。

3. 人民群众的美好生活需要是新中国发展进步的“牵引力”

人民群众对美好生活的需要、对幸福生活的追求，是社会发展进步最持久的牵引力。马克思、恩格斯指出：“人们为了能够‘创造历史’，必须能够生活。但是为了生活，首先就需要吃喝住穿以及其他一切东西。因此第一个历史活动就是生产满足这些需要的资料，即生产物质生活本身。”广大人民群众对美好生活的需要，汇聚成强大的合力，推动着社会发展进步。

我们党作为马克思主义政党，全心全意为人民服务是党的根本宗旨，必须以最广大人民根本利益为我们一切工作的根本出发点和落脚点。时代是出卷人，我们是答卷人，人民是阅卷人。习近平总书记多次强调，人民对美好生活的向往，就是我们的奋斗目标。人民的美好生活需要是历史的、具体的、全面的，是不断丰富、持续提高的无止境过程。满足人民美好生活需要的过程，就是解决社会主要矛盾的过程，就是社会不断发展进步的过程。新中国成立之初，我国经济文化比较落后，物质文化需要是人民美好生活需要的主要内容，人民日益增长的物质文化需要同落后的社会生产之间的矛盾是我国社会的主要矛盾。改革开放以来，我国大力发展社会生产力，努力满足人民日益增长的物质文化需要，推动中国特色社会主义事业取得了巨大成就。党的十九大报告指出，经过长期努力，中国特色社会主义进入了新时代，这是我国发展新的历史方位。“我国社会主要矛盾已经转化为人民日益增长的美好生活需要和不平衡不充分的发展之间的矛盾。”人民的美好生活需要日益广泛，不仅对物质文化生活提出了更高要求，而且在民主、法治、公平、正义、安全、环境等方面要求日益增长。主要矛盾的转化对党和国家工作提出了许多新要求，而人民对美好生活的向往就是我们的奋斗目标，这一目标及其激发下的生动实践，必将进一步推动我国发展的整体转型升级，为建设富强民主文明和谐美丽的社会主义现代化强国提供源源不竭的动力。

总之，新中国成立以来，我们党始终坚持以人民为中心，把人民放在最高位置，顺应人民对美好生活的向往，顺应我国社会主要矛盾的变化，在不断实现人民群众根本利益，增强人民群众获得感、幸福感、安全感的过程中，推动着经济社会发展进步。

人民是推动发展的根本力量，必须坚持以人民为中心的发展思想，把增进人民福祉、促进人的全面发展作为发展的出发点和落脚点。“四个全面”战略布局以鲜明的政治立场和价值取向，顺应了人民群众过上更美好生活的新期待，彰显了人民至上的执政理念。全面建成小康社会是在推动经济社会发展的同时切实提高人民生活水平和质量，使全体人民在发展历程中享有更多获得感；全面深化改革剑指“难啃的硬骨头”，以全面深化改革的实践解决人民群众最关心、最直接、最现实的利益问题，真正使人民群众共享改革成果；全面依法治国坚持人民群众的主体地位，依靠法治方式治国理政，以实现维护社会公平正义、保障人民群众合法权益的法治目标；全面从严治党旨在应对“四大考验”、化解“四种危险”，通过密切党同人民群众的血肉联系，筑牢党的群众基础，夯实党的执政根基。

中国共产党根基在人民、血脉在人民。百年来，一代又一代中国共产党人时刻牢记全心全意为人民服务的根本宗旨，始终与广大人民群众同呼吸、共命运、心连心。协调推进“四个全面”战略布局的过程，正是坚持党的群众观点、贯彻党的群众路线和践行党的根本宗旨的过程。最广大人民群众是协调推进“四个全面”战略布局的力量源泉。全面建成小康社会惠民、全面深化改革利民、全面依法治国安民、全面从严治党为民，无论是战略目标的定位，还是战略举措的落实，都要以实现好、维护好、发展好最广大人民的根本利益为出发点和落脚点，认真倾听人民心声、广泛汲取人民智慧、不断满足人民需求。只要坚持人民主体地位，尊重人民群众首创精神，就能最大限度调动广大人民群众积极投身协调推进“四个全面”战略布局的伟大实践，为实现第二个百年奋斗目标、实现中华民族伟大复兴的中国梦汇聚磅礴力量。

三、依靠人民创造历史伟业

习近平总书记在党的十九大报告中强调，必须坚持人民主体地位，坚持立党为公、执政为民，践行全心全意为人民服务的根本宗旨，把党的群众路线贯彻到治国理政全部活动之中，把人民对美好生活的向往作为奋斗目标，依靠人民创造历史伟业。人民群众是中国特色社会主义的主体力量，人民创造性实践是中国进步的力量源泉，人民支持是共产党执政的坚实基础。党依靠人民创造伟业，新时代坚持不忘初心、牢记使命，就是要坚持马克思主义的基本立场、观点和方法，以习近平新时代中国特色社会主义思想为指导，坚持以人民为中心，充分尊重人民的主体地位，充分体现人民的主体作用，充分发挥人民的主体力量，领导全国人民共同奋斗，实现中华民族伟大复兴的历史使命。

1. 依靠人民创造历史伟业的理论和实践依据

依靠人民是马克思主义唯物史观的基本观点。人民是历史的创造者，是推动社会发展的根本力量，如果离开了人民群众，社会的一切发展都无从谈起。确立人民群众的主体地位，尊重人民群众的首创精神是唯物史观的根本要求。坚持这一基本原理，我们才能把握历史前进的基本规律，发挥人民群众的巨大潜力，不断推动社会向前发展。中国共产党遵循马克思主义历史唯物主义的基本观点，坚持一切为了人民，一切依靠人民，坚持群众路线，依靠人民群众不断认识和改造世界。实践表明，只有坚持人民至上的唯物史观，强调人民是真正的英雄，强调人民是决定党和国家前途命运的根本力量，充分调动人民群众的积极性、主动性和创造性，我们的事业才能不断壮大，才能不断谱写历史伟业新的华章。

过去的一百年，是我们党与人民心连心、同呼吸、共命运的一百年，是中国人民在中国共产党领导下不断创造历史伟业的一百年。

鸦片战争后，面对封建统治的腐朽和西方列强的入侵，中国人民进行了顽强的抗争。三元里人民抗英斗争、太平天国农民起义、义和团运动、五四运动等，都沉重打击了封建主义和帝国主义，表现了中国人民不屈不挠的斗争精神和民族血性。但这些斗争都没有达到预期的目标。为什么？根本原因就在于组织化程度不高，没有核心领导力量，缺乏凝聚人心的主心骨。近代以后，中国一批批先进人士苦苦探索救国救民道路，尝试过各种方案，力求改变国家落后挨打的命运，洗刷中华民族遭受的耻辱。洋务运动、戊戌变法、清末新政、辛亥革命接连而起，但都以失败告终。

1921 年，一个与先前任何政治团体都不同的政治团体——中国共产党登上历史舞台。中国共产党除了人民利益之外没有自己的特殊利益，从诞生之日起就秉持为中国人民谋幸福、为中华民族谋复兴的初心和使命。中国共产党在中华民族发展史上第一次实现了先进政党与伟大人民的紧密结合，从而使中国共产党的发展历程与中国人民的前途命运紧密联系在一起。

在中国革命、建设和改革的历程中，中国共产党带领和依靠人民群众不断由胜利走向新的胜利。中国共产党克服艰险困难，从弱小到强大，正是依靠人民一以贯之的拥护和支持。中国共产党团结带领中国人民进行二十八年浴血奋战，彻底结束了旧中国一盘散沙的局面，取得了新民主主义革命的胜利，建立了中华人民共和国；团结带领中国人民完成社会主义革命，确立社会主义基本制度，推进社会主义建设，建立起独立的比较完整的工业体系和国民经济体系，使社会主义中国屹立在世界东方；团结带领中国人民进行改革开放新的伟大革命，极大激发广大人民群众的积极性、主动性、创造性，成功开辟了中国特色社会主义道路，我国人民生活显著改善，综合国力显著增强，国际地位显著提高。中国大踏步赶上时代，中华民族迎来了伟大复兴的光明前景。这是人类历史上从来没有出现过的壮阔景象，也是中国其他任何政治力量做不到、干不成的惊天伟业。历史证明了一个道理：一旦先进政党与伟大人民相结合，就会迸发出不可战胜的强大力量。

回顾历史，是为了总结历史经验、把握历史规律，增强开拓前进的勇气和力量。今天，在全面建成小康社会、实现第一个百年奋斗目标的基础上，我们开启了全面建设社会主义国家新征程，正在向第二个百年奋斗目标昂首迈进。中华民族伟大复兴已经曙光在前，但也应认识到，在这个关键当口容不得任何停留、迟疑、观望。面对具有许多新的历史特点的伟大斗争，我们要传承好、发扬好党的成功经验，尤其是要牢记我们党来自人民，党的根基和血脉在人民，把为人民而生、因人民而兴、始终同人民在一起、为人民利益而奋斗作为我们党立党兴党强党的根本出发点和落脚点。这样才能确保我们党在应对国内外各种风险挑战的历史进程中始终成为全国人民的主心骨，才能确保我们党永远不忘初心、牢记使命，为了完成更伟大的使命、取得更伟大的胜利团结带领中国人民不懈奋斗。

2. 新时代必须紧紧依靠人民创造历史伟业

中国共产党正领导人民实现中华民族伟大复兴的中国梦，中国梦归根到底是人民的梦，必须紧紧依靠人民来实现。新时代依靠人民创造历史伟业，须在建成社会主义现代化强国的新征程中，更好地动员人民参与，凝聚广大人民群众的力量，推进“五位一体”总体布局，落实“四个全面”战略布局，凝聚起奋进新时代的磅礴力量。

紧紧依靠人民推进“五位一体”总体布局。坚持群众路线，相信群众、动员群众、依靠人民，全面推进经济、政治、文化、社会、生态文明建设。推进经济建设，团结和依靠群众全方位参与，全面贯彻新发展理念，促进经济改革与发展，提高经济发展质量和竞争力，增加社会财富，并在人民参与中共享经济发展成果。推进政治建设，完善人民群众政治参与渠道和参与决策过程，重点发展社会主义协商民主，重视人民参与作用，提高人民参与程度，完善制度设计，提高人民政治参与的有效性、优质化。推进文化建设，坚持以人民为中心，调动人民群众参与积极性，提高人民群众参与文化活动的广度和深度，在人民群众共同参与建设中弘扬和践行社会主义核心价值观。推进社会建设，突出人民实践主体，组织人民参与社会治理，吸纳各方力量参与基层自治，形成国家、社会、公民的良性互动，提高人民参与社会治理能力，构建全民共建共治共享的社会治理新格局。推进生态文明建设，紧紧依靠人民群众，加强宣传教育，强化公民生态环保意识，培育公民参与习惯，形成全社会共同参与的良好局面。

紧紧依靠人民落实“四个全面”战略布局。决胜全面建成小康社会，我们党坚持为了人民、依靠人民，尊重人民群众的主体地位和首创精神，确保人民参与发展过程、共享发展成果，做到人人参与、人人尽力、人人享有。全面深化改革，就要坚持在党的领导下，依靠人民的力量，发挥人民先行先试、创新推动的重要作用，有效整合、充分发挥人民群众的智慧和力量，在人民群众的实践中解决新问题、新矛盾。全面推进依法治国，就要引导和依靠人民参与法治实践，创新公众参与立法，推进科学立法、民主立法，增强全民法治观念，依靠人民维护法律权威，在全社会弘扬法治精神，使人民成为依法治国的坚定捍卫者、拥护者。全面从严治党，要有效发挥人民群众的监督作用，党的工作成效由人民评判，使党深深扎根于人民，始终保持先进性和纯洁性。

紧紧依靠人民凝聚起奋进新时代的磅礴力量。我们党紧紧依靠人民不断取得成就，凝聚起同心共筑中国梦的磅礴力量，获得人民群众的更大支持，从而持续增强中国特色社会主义道路自信、理论自信、制度自信、文化自信。

中国特色社会主义道路自信根源于人民群众对所走道路的认同和拥护，是党紧紧依靠中国人民，把马克思主义基本原理同中国社会主义建设实践相结合的产物。中国特色社会主义理论自信主要缘于科学理论能够指引人民群众从事成功实践，这一理论体系坚持马克思主义的指导地位，站在人民立场，服务于人民，为人民所检验，具有立足于人民的坚实根基，能够转化为推动实践的强大力量。中国特色社会主义制度自信根源于人民对制度的认可和支持，具有鲜明的人民性，人民群众是制度建构和制度创新的主体力量，制度在人民的参与下不断完善，要尊重人民的主体地位，保障人民的民主权利，维护人民的根本利益。中国特色社会主义文化自信本质上是人民对自己创造的文化的信念与信心，文化自信为了人民、依靠人民，人民主体性的落实、对文化创造力的重视与应用，都能够使文化自信得到落实。作为成立 100

年、执政72年的世界最大执政党，中国共产党将继续紧紧依靠人民，以习近平新时代中国特色社会主义思想和党的十九大精神为指引，不忘初心，牢记使命，凝聚起奋进新时代的磅礴力量。

3. 坚持党的领导与依靠人民创造历史伟业的有机统一

依靠人民创造历史伟业，要把党的领导核心作用与人民的主动性积极性创造性有机结合起来，把党的领导和人民团结奋斗有机统一起来。

成就历史伟业必须坚持党的领导。中国共产党领导是中国特色社会主义最本质的特征，是中国特色社会主义制度的最大优势。党的领导是做好党和国家各项工作的根本保证，正是党坚强而正确的领导，中国特色社会主义道路成为一条为中国人民谋幸福、为中华民族谋复兴的必由之路，中国特色社会主义理论体系成为指导党和人民实现两个一百年奋斗目标的行动指南，中国特色社会主义制度成为推进国家治理现代化的根本保障，中国特色社会主义文化成为激励全体人民奋勇前进的精神力量。社会全面进步、全体人民共同富裕、人民伟力有效发挥，需要中国共产党的领导。

坚持党的领导与依靠人民创造历史伟业是有机统一的。党和国家的各项事业、各项方针政策和工作部署，只有得到人民群众的真心支持和拥护才能得以顺利贯彻、走向成功。新时代加强和改进党的领导要在深入群众做好调查研究的基础上，提高党的组织力、领导力、执政力，在执政实践中加强领导，不断增强学习本领、政治领导本领、改革创新本领、科学发展本领、依法执政本领、群众工作本领、狠抓落实本领、驾驭风险本领等。党员干部要不断从人民群众中吸取营养和力量，增长政治智慧、增强执政本领、提高领导艺术，不断改进领导方式和工作方法，增强依靠人民推进实践创新的政治自觉；要坚定不移依靠人民，扎根于人民提升引领人民的科学方法，不断提高党带领和依靠人民创造历史伟业的能力和成效。习近平总书记指出，时代是出卷人，我们是答卷人，人民是阅卷人。党的领导能力、执政水平、执政成效必须由人民来评判，党员干部要自觉拜人民为师，向能者求教、向智者问策，同人民群众一道努力奋进、共创美好。

当前，我们拥有创造历史伟业的良好机遇，也面临着严峻复杂的挑战和问题。我们要坚信，无论遇到什么困难挫折，只要有人民的支持和参与，就没有克服不了的困难，就没有完成不了的任务。必须切实以人民满意为最高标准，矢志不渝地相信人民，紧紧依靠人民，奋力推进伟大斗争、伟大工程、伟大事业、伟大梦想，努力向历史、向人民交出新的更加优异的答卷，不断满足人民群众对美好生活的期待和追求。

第一章

人民至上是党的核心价值理念

“民心是最大的政治，正义是最强的力量。”党的十九届六中全会审议通过的《中共中央关于党的百年奋斗重大成就和历史经验的决议》，概括了具有根本性和长远指导意义的十条历史经验，其中将“坚持人民至上”置于重要位置，突显了中国共产党一以贯之的价值取向和立场原则。党的百年历史充分表明，人民立场是中国共产党的根本政治立场，人民至上是中国共产党的核心价值理念。

一、人民至上的思想渊源

人民至上的价值理念并非凭空产生，而是以

马克思主义群众史观为基础，植根于中华优秀传统文化的深厚土壤，并立足于中国共产党人对人民的深刻认识而形成的。

1. 源自于马克思主义群众史观

马克思主义是我们立党立国的根本指导思想，是我们党的灵魂和旗帜。习近平总书记强调，马克思主义是人民的理论，第一次创立了人民实现自身解放的思想体系。马克思、恩格斯指出，“历史上的活动和思想都是‘群众’的思想和活动”，“历史活动是群众的事业，随着历史活动的深入，必将是群众队伍的扩大”。人民群众不仅是社会物质财富和社会精神财富的创造者，而且是社会变革的决定力量，在推动历史发展过程中起着决定性作用。正是人民群众的这些伟大作用，从根本上决定了人民群众是历史的主体、历史的创造者，是推动社会历史发展的决定力量。这是马克思主义唯物史观的根本观点，即马克思主义群众史观。在百年征程中，中国共产党人创造性地将马克思主义群众史观转换为人民至上的价值理念，并赋予其丰富而深刻的理论内涵。

2. 根植于中华优秀传统文化的民本思想

除了体现马克思主义群众史观之外，人民至上的价值理念还有着深厚长远的中华优秀传统文化基础，植根于中华优秀传统文化的民本思想基础之上。在中华文明史上，历代先贤素来推崇“重民”“惠民”“安民”等民本思想，从《尚书》中“民为邦本，本固邦宁”的论述，到春秋战国时期儒家孔子的富民、利民、教民，孟子的“民贵君轻”，荀子的“君舟民水”，再到此后历朝历代不绝于耳的民本论，形成了较为完备的思想体系，为人民至上的价值理念的形成和发展提供了重要的文化土壤和宝贵的经验借鉴。可以说，人民至上的价值理念正是中国共产党在马克思主义指导下，结合时代要求对传统民本思想的创造性转化与创新性发展，并赋予了其丰富的意义空间。

3. 来源于中国共产党人对人民的深刻认识

中国共产党百年历程中，始终把“人民”写在高扬的旗帜上，刻在崇高的信仰里，融在伟大的奋斗中。在革命斗争年代，毛泽东提出，“为什么人的问题，是一个根本的问题，原则的问题”“人民，只有人民，才是创造世界历史的动力”“共产党就是要奋斗，就是要全心全意为人民服务，不要半心半意或者三分之二的心三分之二的意为人民服务”。党的七大正式把“全心全意为人民服务”作为根本宗旨写进了党章。在改革开放时期，邓小平把人民拥护不拥护、赞成不赞成、高兴不高兴、答应不答应，作为改革和发展的出发点和落脚点；江泽民提出中国共产党必须始终代表最广大人民根本利益，将这作为“三个代表”重要思想最重要的内容；胡锦涛提出科学发展观的核心是 “以人为本”，必须把最广大人民的根本利益作为贯彻落实科学发展观的根本出发点和落脚点。在新时代，以习近平同志为核心的党中央进一步升华了对人民的认识，首次提出了以人民为中心的发展思想。习近平指出，只有坚持以人民为中心的发展思想，坚持发展为了人民、发展依靠人民、发展成果由人民共享，才会有正确的发展观、现代化观；新的征程上，我们必须紧紧依靠人民创造历史，坚持全心全意为人民服务的根本宗旨，站稳人民立场，贯彻党的群众路线，尊重人民首创精神，践行以人民为中心的发展思想，发展全过程人民民主，维护社会公平正义，着力解决发展不平衡不充分问题和人民群众急难愁盼问题，推动人的全面发展、全体人民共同富裕取得更为明显的实质性进展。中国共产党人关于人民的重要论述，直接构成了中国共产党人民至上的思想理论体系。

二、人民至上的内涵要义

人民至上，不是一个抽象的、空洞的概念，而是具有丰富、深刻、系统的科学内涵和要求，具体涵盖人民生命至上、人民利益至上、人民权力至上、人民标准至上等价值要素。

1. 人民生命至上

人民至上，第一位的就是要把人民群众的生命安全放在首位。人的活动的前提是人的生命存在，与其他的权利相比，人的生命权永远都是最基本的权利。我们党始终把人民的生命权置于重要位置。在百年征程中，中国共产党团结带领人民进行革命、建设和改革，根本目的就是让人民过上好日子。改革开放以来，在中国共产党的坚强领导下，我国人民的日子从缺吃少穿到温饱无忧，又到总体小康，再到全面小康，正在迈向共同富裕，这就最大限度保障了人的生命权、生存权。党的十八大以来，以习近平同志为核心的党中央提出了以人民为中心的发展思想，把人民生活疾苦放在治国理政的中心位置。特别是在重大考验和挑战面前，我们党的政治立场和工作指向更彰显了人民生命至上的根本理念，时刻关心关注最广大人民群众生命安全。确保人民群众生命安全和身体健康，是我们党治国理政的一项重大任务。2020 年，面对突如其来的新冠肺炎疫情，以习近平同志为核心的党中央统揽全局、果断决策，以非常之举应对非常之事，坚持把人民生命安全和身体健康放在第一位，加强集中统一领导，尽一切努力保护人民生命安全和身体健康，凝聚起抗疫的强大合力，迅速打响疫情防控的人民战争、总体战、阻击战。用 1 个多月的时间初步遏制疫情蔓延势头，用2个月左右的时间将本土每日新增病例控制在个位数以内，用3个月左右的时间取得武汉保卫战、湖北保卫战的决定性成果，进而又接连打了几场局部地区聚集性疫情歼灭战，夺取了全国抗疫斗争重大战略成果，向全世界交出了一份“人民至上、生命至上”的中国答卷。对待生命的态度，检验着一个政党的价值追求。

2. 人民利益至上

把人民利益放在首位，是坚持人民至上的核心要求和重要体现。“治国有常，而利民为本。”人民利益至上，既是由人民的主体地位所决定的，也是由党的性质宗旨和初心使命所决定的。马克思、恩格斯在《共产党宣言》中旗帜鲜明地指出：“共产党人不是同其他工人政党相对立的特殊政党，他们没有任何同整个无产阶级的利益不同的利益；共产党人强调和坚持整个无产阶级共同的不分民族的利益。”全心全意为人民谋利益是共产党人与生俱来的价值理念和历史使命，是共产党人区别于其他政党团体的特有的“胎记”。中国共产党自成立之日起，就自觉并明确地把“人民解放”和“人民幸福”悬置于价值序列的顶端，把“为民服务”和“人民利益”旗帜鲜明地写在自己的奋斗旗帜上。《中国共产党党章》明确规定：“党除了工人阶级和最广大人民群众的利益，没有自己特殊的利益。党在任何时候都把群众利益放在第一位。”中国共产党根基在人民、血脉在人民、力量在人民。在长期的革命、建设和改革实践中，中国共产党始终坚持一切为了人民、一切依靠人民、一切以人民利益为重。在百年奋斗中，党的历代领导人一以贯之地坚持人民利益至上的价值理念。从毛泽东的“共产党人的一切言论行动，必须以合乎最广大人民群众的最大利益，为最广大人民群众所拥护为最高标准”，到邓小平的“一切以人民利益作为每一个党员的最高准绳”，再到习近平的“必须始终把人民利益摆在至高无上的地位”，都充分体现了中国共产党人的“人民利益至上”价值观。

3. 人民权力至上

人民权力至上是马克思主义权力观的核心内容，是马克思主义政党执政理念与执政方式的重要支撑。马克思主义认为，在社会主义社会中，人民群众是国家真正的主人，国家一切公共权力均来源于人民群众，一切权力属于人民群众。习近平总书记指出，“马克思主义权力观，概括起来是两句话：权为民所赋，权为民所用”。“权为民所赋”，指的是权力的来源和基础问题，也即党和政府的权力只能来自于人民群众的授权。我们社会主义国家的一切权力，都是我们党领导全国各族人民经过新民主主义革命和社会主义革命取得和实现的，都是属于人民的，党作为执政党是代表工人阶级和全体人民在全国执掌政权，共产党员和领导干部手中的权力都是人民赋予的。对此，习近平总书记明确指出，“我们的一切权力来自人民”；“我们的各级领导干部是人民的勤务员，我们的职权是人民赋予的，我们的责任就是向人民负责”。“权为民所用”指明了权力的根本性质和归宿，就是以为实现人民的利益为出发点来行使人民赋予的权力，即我们所有党员和领导干部手中的权力，只能用来为人民谋利益，而绝不允许搞任何形式的以权谋私。中国共产党在治国理政的实践过程中，把“权为民所赋”和“权为民所用”体现在了完善社会主义法规制度层面上，更加保证了权力的民主性和人民性。我国宪法明确规定：“中华人民共和国的一切权力属于人民。”“人民行使国家权力的机关是全国人民代表大会和地方各级人民代表大会。”“全国人民代表大会和地方各级人民代表大会都由民主选举产生，对人民负责，受人民监督。”“国家行政机关、审判机关、检察机关都由人民代表大会产生，对它负责，受它监督。”这充分说明在我国一切权力属于人民，人民是国家的主人。所有的权力都是人民赋予的，只能用来为人民服务，而不能以权谋私。对此，习近平多次发出告诫，党员、干部特别是领导干部要清醒认识到，自己手中的权力、所处的岗位，是党和人民赋予的，是为党和人民做事用的，只能用来为民谋利。除了人民的利益外，中国共产党没有自己的特殊利益，党的宗旨是全心全意为人民服务，做人民的公仆。这个权力观鲜明地体现了“权为民所赋，权为民所用”的性质。

4. 人民标准至上

人民至上意味着改革发展的成效最终要由人民来评价，人民是我们各项工作成败得失的最终评判者。我们党的执政水平和执政成效都不是由自己说了算，必须而且只能由人民来评判。人民是我们党的工作的最高裁决者和最终评判者。裁决和评判的标准是什么？就是邓小平同志提出的“人民标准”。他反复强调，要把人民拥护不拥护、赞成不赞成、高兴不高兴、答应不答应作为制定方针政策和作出决断的出发点和归宿，而这一标准所蕴含的实质内容就是人民利益。凡是符合人民利益的，人民自然就会拥护、赞成、高兴、答应；凡是违背人民利益的，人民自然就会不拥护、不赞成、不高兴、不答应。由此，“人民标准”实质上也就是人民利益标准，这是人民裁决和评判我们党和国家一切工作的根本标准、最高准绳。对此，习近平总书记强调：“我们的党是全心全意为人民服务的党，我们的国家是人民当家作主的国家，党和国家一切工作的出发点和落脚点是实现好、维护好、发展好最广大人民根本利益”；“党的一切工作，必须以最广大人民根本利益为最高标准”。时代是出卷人，我们是答卷人，人民是阅卷人。以什么为标准、用什么来衡量，实质上是一个对谁负责、让谁满意的问题。百年奋斗，中华民族迎来了从站起来、富起来到强起来的伟大飞跃，我们党一直把人民拥护不拥护、赞成不赞成、高兴不高兴、答应不答应作为衡量一切工作得失的根本标准。

三、人民至上的价值意蕴

中国共产党自1921年成立以来，始终把为中国人民谋幸福、为中华民族谋复兴作为自己的初心使命，始终坚持共产主义理想和社会主义信念，团结带领全国各族人民为争取民族独立、人民解放和实现国家富强、人民幸福而不懈奋斗，已经走过一百年光辉历程。可以说，一部中国共产党的历史，就是牢固树立人民至上观念、全心全意为人民服务的历史。坚持人民至上，是中国共产党理想信念、性质宗旨、初心使命、政治立场、执政根基的生动诠释。

1. 充分表明了党的政治立场

人民立场是中国共产党的根本政治立场，是马克思主义政党区别于其他政党的显著标志。人民立场与人民至上是内在统一的。坚持把人民立场作为根本政治立场，坚定地站在人民立场上，就必然把人民至上作为根本价值立场，坚持人民至上的价值理念。习近平总书记指出："江山就是人民、人民就是江山，打江山、守江山，守的是人民的心。中国共产党根基在人民、血脉在人民、力量在人民。中国共产党始终代表最广大人民根本利益，与人民休戚与共、生死相依，没有任何自己特殊的利益，从来不代表任何利益集团、任何权势团体、任何特权阶层的利益。”这些重要论述既是中国共产党人对“坚持人民至上”的深刻诠释，也鲜明宣示了中国共产党人的根本立场和价值取向。在各个历史时期，无论从理论上还是行动上，党都把人民放在最高位置，把人民性镌刻在灵魂深处、融入血液当中。

2. 深刻阐释了党的宗旨性质

“人民至上”体现了党的性质和宗旨，也是由这一性质和宗旨所决定的根本立场。《中国共产党章程》明确指出，“中国共产党是中国工人阶级的先锋队，同时是中国人民和中华民族的先锋队，是中国特色社会主义事业的领导核心，代表中国先进生产力的发展要求，代表中国先进文化的前进方向，代表中国最广大人民的根本利益”。党的这一本质属性就决定了它必须坚持人民至上理念，必须始终站在人民立场上，把为人民谋幸福作为自己全部活动的出发点和最终归宿。党的根本宗旨是全心全意为人民服务。毛泽东同志曾经说过，共产党就是要奋斗，就是要全心全意为人民服务，不要半心半意或者三分之二的心三分之二的意为人民服务。习近平总书记指出，我们党来自人民、扎根人民、造福人民，全心全意为人民服务是党的根本宗旨，必须以最广大人民根本利益为我们一切工作的根本出发点和落脚点，坚持把人民拥护不拥护、赞成不赞成、高兴不高兴作为制定政策的依据。这意味着，坚持人民至上是贯彻全心全意为人民服务这一党的根本宗旨的必然要求。

3. 集中体现了党的初心使命

为中国人民谋幸福，为中华民族谋复兴，是中国共产党人的初心和使命。中国共产党自成立以来百年的发展史、奋斗史，就是一部践行党的初心使命的历史，就是一部党与人民心连心、同呼吸、共命运的历史。习近平总书记指出:“我们党是用马克思主义武装起来的政党，始终把为中国人民谋幸福、为中华民族谋复兴作为自己的初心和使命，并一以贯之体现到党的全部奋斗之中。”一百年来，无论时代如何变迁，无论世情、国情、社情如何变化，中国共产党全心全意为人民服务的根本宗旨没有变，为中国人民谋幸福、为中华民族谋复兴的初心和使命没有变。这是对中国共产党坚持人民至上价值追求的生动体现，彰显了中国共产党最鲜明的政治本色。由此可见，人民至上本身就是党的初心和使命的深刻内涵、本质要求，坚守初心使命要求我们始终坚持人民至上。坚持人民至上，既是对中国共产党百年奋斗和实践经验的深刻总结，也是站在两个百年的交汇点上，向全党发出的不忘初心、牢记使命的最强音。

4. 生动诠释了党的理想信念

一个政党、一个民族要想发展壮大，必然要有正确的理想信念，要有人民至上的党性修为。中国共产党是一个信仰结合体，是一个具有崇高理想和坚定信仰的马克思主义政党。中国共产党人的理想信念，是马克思主义真理信仰、共产主义远大理想和中国特色社会主义的共同理想。理想信念是中国共产党精神上的“钙”。习近平总书记指出：“理想信念决定着我们的方向和立场，也决定着我们的言论和行动。”理想信念是中国共产党永葆无产阶级政党本色的源泉所在，是中国共产党不忘初心、牢记使命的根本所在。习近平总书记指出，中国共产党人的理想信念，建立在马克思主义科学真理的基础之上，建立在马克思主义揭示的人类社会发展规律的基础之上，建立在为最广大人民谋利益的崇高价值的基础之上。中国共产党的奋斗历程和伟大成就告诉我们：崇高的信仰是我们党在面临困难时的强大精神支柱，人民群众的支持是我们党取得一切胜利的关键。能否坚持全心全意为人民服务的根本宗旨，是衡量一名共产党员是否具有远大理想和共同理想的客观标准。由此可见，人民至上的价值取向，是中国共产党人的理想信念的重要内涵。

5. 全面厚植了党的执政根基

习近平总书记指出，“人民是历史的创造者，是真正的英雄。”“江山就是人民、人民就是江山，打江山、守江山，守的是人民的心。中国共产党根基在人民、血脉在人民、力量在人民”。这一重要论述生动诠释了中国共产党“人民至上”的价值追求，再一次向世界宣示：“人民”是中国共产党的“根”和“魂”。民惟邦本，本固邦宁。民心是最大的政治，正义是最强的力量。党的最大政治优势是密切联系群众，党执政后的最大危险是脱离群众。习近平总书记反复强调，“我们党的百年历史，就是一部践行党的初心使命的历史，就是一部党与人民心连心、同呼吸、共命运的历史。历史充分证明，江山就是人民，人民就是江山，人心向背关系党的生死存亡。赢得人民信任，得到人民支持，党就能够克服任何困难，就能够无往而不胜”。人民是我们党执政的最深厚基础和最大底气，人民至上是以人民为中心执政理念的具体要求。只有坚持人民至上，才能得到人民的拥护、取得事业成功，才能进一步厚植党的执政根基。

四、人民至上的实践要求

习近平总书记强调：“新的征程上，我们必须紧紧依靠人民创造历史，坚持全心全意为人民服务的根本宗旨，站稳人民立场，贯彻党的群众路线，尊重人民首创精神，践行以人民为中心的发展思想，发展全过程人民民主，维护社会公平正义，着力解决发展不平衡不充分问题和人民群众急难愁盼问题，推动人的全面发展、全体人民共同富裕取得更为明显的实质性进展！”

1. 贯彻党的群众路线

党的群众路线就是“一切为了群众、一切依靠群众，从群众中来、到群众中去”。习近平总书记指出，群众路线是我们党的生命线和根本工作路线，是我们党永葆青春活力和战斗力的重要传家宝。不论过去、现在和将来，我们都要坚持一切为了群众，一切依靠群众，从群众中来，到群众中去，把党的正确主张变为群众的自觉行动，把群众路线贯彻到治国理政全部活动之中。党的百年奋斗史，就是一部践行党的群众路线、赢得群众拥护支持继而取得革命、建设、改革伟大胜利的历史。《中共中央关于党的百年奋斗重大成就和历史经验的决议》强调，党的最大政治优势是密切联系群众，党执政后的最大危险是脱离群众。保持同人民群众血肉联系，就要增强群众观念和群众感情，不断厚植党执政的群众基础。我们党坚持一切为了群众、一切依靠群众，从群众中来、到群众中去，把党的正确主张变为群众的自觉行动，把群众路线贯彻到治国理政全部活动之中。新时代新征程，我们必须增强贯彻党的群众路线的自觉性和坚定性，进一步树牢群众观点、站稳群众立场、走好群众路线，永远保持同人民群众的血肉联系，充分激发蕴藏在人民群众中的创造伟力，凝聚中华民族伟大复兴的磅礴力量。习近平总书记强调，前进道路上，我们必须始终把人民对美好生活的向往作为我们的奋斗目标，践行党的根本宗旨，贯彻党的群众路线，尊重人民主体地位，尊重人民群众在实践活动中所表达的意愿、所创造的经验、所拥有的权利、所发挥的作用，充分激发蕴藏在人民群众中的创造伟力。

2. 坚持人民主体地位

人民是历史的创造者，是真正的英雄。波澜壮阔的中华民族发展史是中国人民书写的，博大精深的中华文明是中国人民创造的，历久弥新的中华民族精神是中国人民培育的，中华民族迎来了从站起来、富起来到强起来的伟大飞跃是中国人民奋斗出来的。坚持人民主体地位，是党领导革命、建设和改革不断取得胜利的基本经验。在领导革命、建设和改革的伟大实践中，不论党所处的历史方位、所担负的历史任务发生怎样的变化，坚持人民主体地位这一原则却始终没有变。在新民主主义革命时期，我们党就注意做群众工作、争取人民群众的支持。在社会主义革命和建设时期，我们党通过广泛发动人民群众、依靠人民群众，创造了

"敢教日月换新天"的一个又一个世界奇迹。改革开放和社会主义建设新时期，我们党依靠人民群众，实现了从站起来到富起来。进入新时代，我们党始终坚持人民主体地位，取得了一系列举世瞩目的成就：带领亿万人民打赢脱贫攻坚伟大决战、全面建成小康社会，创造了人类减贫史新纪录；实现中华民族伟大复兴进入不可逆转的历史进程，开启了全面建成社会主义现代化强国新征程。人民群众是历史发展的动力和主体。中国共产党的根基在人民、血脉在人民、力量在人民。新的征程上，我们必须充分相信和依靠人民群众，尊重人民的主体地位和人民的首创精神，最大限度地调动人民群众的积极性、主动性和创造性，为中国特色社会主义提供最广泛最可靠最牢固的群众基础和力量源泉。唯有如此，我们的事业才能一往无前，第二个百年奋斗目标才能如期实现。

3. 践行以人民为中心的发展思想

为人民而生，因人民而兴，始终同人民在一起，为人民利益而奋斗，是我们党立党兴党强党的根本出发点和落脚点。建党一百年来，我们党始终一切为了人民、一切依靠人民。从战争年代的“半条被子”，到和平年代“向群众身边不正之风和腐败问题亮剑”；从“给子孙后代留下天蓝、地绿、水净的美好家园”，到决战决胜脱贫攻坚“一个都不能少”、抗击新冠肺炎疫情“一个都不放弃”……“人民至上”贯穿党的工作始终。步入新发展阶段，依然要牢固树立以人民为中心的发展思想。习近平总书记指出，以人民为中心的发展思想，不是一个抽象的、玄奥的概念，不能只停留在口头上、止步于思想环节，而要体现在经济社会发展各个环节。要坚持人民主体地位，顺应人民群众对美好生活的向往，不断实现好、维护好、发展好最广大人民根本利益，做到发展为了人民、发展依靠人民、发展成果由人民共享。要通过深化改革、创新驱动，提高经济发展质量和效益，生产出更多更好的物质精神产品，不断满足人民日益增长的物质文化需要。要全面调动人的积极性、主动性、创造性，为各行业各方面的劳动者、企业家、创新人才、各级干部创造发挥作用的舞台和环境。要坚持社会主义基本经济制度和分配制度，调整收入分配格局，完善以税收、社会保障、转移支付等为主要手段的再分配调节机制，维护社会公平正义，解决好收入差距问题，使发展成果更多更公平惠及全体人民。

4. 发展全过程人民民主

人民当家作主是社会主义民主政治的本质和核心，人民民主是一种全过程的民主。全过程人民民主，是中国共产党团结带领人民追求民主、发展民主、实现民主的伟大创造，是党不断推进中国民主理论创新、制度创新、实践创新的经验结晶。我国全过程人民民主实现了过程民主和成果民主、程序民主和实质民主、直接民主和间接民主、人民民主和国家意志相统一，是全链条、全方位、全覆盖的民主，是最广泛、最真实、最管用的社会主义民主。中国共产党自成立之日起，就为实现人民的民主权利不懈奋斗。在新民主主义革命时期，探索出了苏区的苏维埃民主和抗战时期的“三三制”；在社会主义革命和建设时期，确立和发展了包括人民代表大会制度在内的社会主义政治制度；在改革开放新时期，确立了基层群众自治制度，提出了发展中国特色社会主义民主的实践命题；中国特色社会主义进入新时代，我们党不断推进社会主义民主政治制度化、规范化和程序化，把中国特色社会主义民主的优越性充分展现出来，更好地满足人民群众美好生活中日益增长的民主需求。当前，我们党正团结带领全国各族人民朝着全面建成社会主义现代化强国的第二个百年奋斗目标迈进。在新的赶考路上，务必要继续推进全过程人民民主建设，把人民当家作主具体地、现实地体现到党治国理政的政策措施上来，具体地、现实地体现到党和国家机关各个方面各个层级工作上来，具体地、现实地体现到实现人民对美好生活向往的工作上来。

5. 推动全体人民共同富裕

实现共同富裕，是社会主义的本质要求，是人民群众的共同期盼，是我们党矢志不渝的奋斗目标。一百年来，我们党始终为实现国家繁荣富强、人民共同富裕而不懈奋斗。可以说，一部中国共产党的历史，就是一部党领导中国人民促进共同富裕、追求美好生活的历史。习近平总书记指出："我们追求的发展是造福人民的发展，我们追求的富裕是全体人民共同富裕。改革发展搞得成功不成功，最终的判断标准是人民是不是共同享受到了改革发展成果。”促进全体人民共同富裕，总的思路是，坚持以人民为中心的发展思想，在高质量发展中促进共同富裕，正确处理效率和公平的关系，构建初次分配、再分配、三次分配协调配套的基础性制度安排，加大税收、社保、转移支付等调节力度并提高精准性，扩大中等收入群体比重，增加低收入群体收入，合理调节高收入，取缔非法收入，形成中间大、两头小的橄榄型分配结构，促进社会公平正义，促进人的全面发展，使全体人民朝着共同富裕目标扎实迈进。风雨多经志弥坚，关山初度路犹长。实现共同富裕并不比全面建成小康社会的难度小，它没有捷径，不是变戏法，需要循序渐进、攻坚克难、久久为功。让我们立恒志、树恒心、使恒力，在朝着第二个百年奋斗目标奋进的新征程中，不断为经济社会发展创造物质财富和精神财富，将共同富裕推向一个新的高度。

第三章

坚持以人民为中心

民心是最大的政治，正义是最强的力量。人民是历史的创造者，是决定党和国家前途命运的根本力量。习近平总书记在接受俄罗斯电视台专访时指出，中国共产党坚持执政为民，人民对美好生活的向往就是我们的奋斗目标。我的执政理念，概括起来就是：为人民服务，担当起该担当的责任。坚持以人民为中心，必须坚持人民主体地位，坚持立党为公、执政为民，践行全心全意为人民服务的根本宗旨，把党的群众路线贯彻到治国理政全部活动之中，把人民对美好生活的向往作为奋斗目标，依靠人民创造历史伟业。

一、始终把人民放在心中最高的位置

我们要坚持以人为本、人民至上的价值观，坚持立党为公、执政为民的执政观，始终把人民放在心中最高位置，把人民群众当主人、当亲人、当恩人，尊重人民主体地位，尊重人民首创精神，拜人民为师，把人民群众的智慧和力量充分发挥出来，形成干事创业的强大动力。

1. 立党为公，做人民群众“知心人”

大道之行，天下为公。“立党为公”是指中国共产党除了代表最广大人民群众的根本利益外，没有任何的私利私求可言。“立党为公”的核心在于这一个“公”字，“公”指的是国家和民族的公共利益，全体人民的共同理想，全社会的公共事务与公平、公正、公开等程序性要求相统一。对于我们党来说，“公”是指共产主义远大理想与阶段性奋斗目标的统一。现阶段中国共产党最大的“公”就是在全面建成小康社会的基础上，实现社会主义现代化和中华民族的伟大复兴。

马克思、恩格斯在《共产党宣言》中，对共产党的本质属性进行了高度概括和提炼。首先，宣言指出共产党不同于其他政党，他没有自己的私利，代表着无产阶级运动的整体利益。“一方面，在无产者不同的民族的斗争中，共产党人强调和坚持整个无产阶级共同的不分民族的利益；另一方面，在无产阶级和资产阶级的斗争所经历的各个发展阶段上，共产党人始终代表整个运动的利益。”由此可见，马克思主义政党本质的属性就是立党为公。

作为具有中国特色的马克思主义政党，中国共产党是代表中国工人阶级，代表中国人民和中华民族根本利益的政党，是为绝大多数人谋取利益的政党。党从诞生之日起就把为中国人民谋幸福、为中华民族谋复兴作为初心使命，始终坚持共产主义理想和社会主义信念，团结带领全国各族人民为争取民族独立、人民解放和实现国家富强、人民幸福而不懈奋斗。立党为公是中国共产党最深厚的根源和最本质的属性，其核心就是人民利益至上。

2021 年 7 月 1 日，习近平总书记在庆祝中国共产党成立 100 周年大会上发表讲话时指出，中国共产党始终代表最广大人民根本利益，与人民休戚与共、生死相依，没有任何自己特殊的利益，从来不代表任何利益集团、任何权势团体、任何特权阶层的利益。这一关于中国共产党“没有自己的私利”的最新提炼，将中国共产党的利益、中国人民的利益与中国的利益乃至人类社会的共同利益有机地结合起来，彰显了共产党人愿意为人类命运共同体努力奋斗的决心和毅力，将伟大的政治信念和思想体系、伟大的政治运动和社会制度、伟大的美好社会和人类命运共同体三者有机地统一于政党的崇高政治理想，是立党为公深刻内涵的又一次升华，“没有自己的私利”成为指引中国共产党领导国家和社会建设、推进世界和平发展的根本价值指引。

回望百年历史，倾听历史回音。百年征程波澜壮阔，百年初心历久弥坚。1921 年，中国共产党从嘉兴一艘小小的红船起航，他承载着人民的重托和民族的希望，现如今，他越过急流险滩，穿过惊涛骇浪，最终成为一艘领航中国，行稳致远的巍巍巨轮。他从上海党的一大会址到嘉兴南湖的小船，从光荣北伐、武昌城下到独立革命、南昌城头；从太行山上抗击日寇到百万大军横渡长江，他逢山开路，遇水架桥，历经千帆，苦尽甘来，他用鲜血、用生命建起了伟大的新中国。从建党大业的开天辟地到建国大业的改天换地，我们党所做的一切努力、进行的一切斗争、做出的一切牺牲，都是为了人民的幸福和民族复兴。

新中国成立以来，我们党的初心使命从未发生过改变，党带领全国各族人民抵御地震、洪水等自然灾害，抗击疟疾、非典、新冠肺炎等重大疫情，从推行改革开放到决胜全面小康、决战脱贫攻坚，取得了一系列伟大的胜利。如今，人民群众发自内心地拥护党的领导，更加深切地感受到社会主义制度优越性，更加由衷地为我们伟大祖国感到骄傲。正是因为我们党始终坚持以人民为中心、坚持人民主体地位，以人民利益至上，真正为人民执政、靠人民执政，心系人民、热爱人民、服务人民，最后才成为受老百姓信任和爱戴的“知心人”。

除此之外，立党为公在我国宪法中也有深刻体现。宪法作为国家的根本法，是治国理政的总章程，是党和人民意志的集中体现。在我国的宪法之中明确指出我国是工人阶级领导的、以工农联盟为基础的人民民主专政的社会主义国家。国家的一切权力属于人民。我国的国体决定了人民群众在我国社会中的主人翁地位和根本作用，这种地位和作用，不仅为我国历史和现实社会的发展所证明，而且由国家根本大法所明确规定。以上种种都充分证明，党成立之初就是实现国家和民族的公共利益的人民政党，立党为公不是空洞的而是具体的，中国共产党作为我国的执政党，通过实际行动，真正做到了权为民所用、情为民所系、利为民所谋。

2. 执政为民， 做人民群众 “贴心人”

“执政为民”强调人民群众的利益就是党的路线、方针、政策和各项工作的出发点和落脚点。党的执政地位从根本上说来自于人民，人民群众的支持是我们党源源不断的力量源泉和动力，离开人民的支持和拥护，党的执政地位就会成为无源之水、无本之木。党来自人民，植根人民，服务人民；始终做到“三个代表”，是我们党的立党之本、执政之基、力量之源，这里的“本”“基”“源”，说到底就是人民群众的支持和拥护。

得民心者得天下，失民心者失天下，这是历史的铁律。那么我们党如何取得人民的支持和拥护呢？那就需要坚持执政为民的理念，做人民群众的“贴心人”，即任何时候党的各项工作的出发点和落脚点都是人民利益，检验工作的好与坏，就是要看广大人民群众的生活水平是否得到了真正的提高；衡量路线、方针、政策是否可行，就是要看人民群众拥护不拥护、赞成不赞成、高兴不高兴、答应不答应。人民拥护和支持是我们党执政的最牢根基，人心向背关系党的生死存亡。只有顺民意、谋民利、得民心，才能得到人民群众的支持和拥护，才能永远立于不败之地。只有我们始终与人民群众心连心、同呼吸、共命运，紧紧依靠人民，充分发挥最广大人民的积极性、主动性、创造性，才能夯实党的执政基础，巩固党的执政地位，就算遇到各种大风大浪，也必然会安如泰山，坚如磐石。我们百年奋斗，无论是战争年代浴血奋战推翻“三座大山”，还是和平年代建立社会主义制度、开展大规模的社会主义建设，以及进行改革开放和现代化建设，归根到底都是为了实现好、维护好、发展好最广大人民的根本利益。

毛泽东同志指出，共产党人的一切言论行动，必须以合乎最广大人民群众的最大利益为最广大人民群众所拥护为最高标准。在中国共产党第十九次全国代表大会上，习近平总书记更是反复告诫全党：“为什么人的问题，是检验一个政党、一个政权性质的试金石。带领人民创造美好生活，是我们党始终不渝的奋斗目标。”所以人民立场是中国共产党的根本政治立场，执政为民的理念已经深深刻在共产党人的红色血脉之中，人民既是执政的具体对象，同时又是共产党人执政兴国的力量源泉和最大底气。

乐民之乐者，民亦乐其乐；忧民之忧者，民亦忧其忧。党来自于人民，为人民而生，因人民而兴，始终与人民心心相印、与人民同甘共苦、与人民团结奋斗，始终高度重视人民群众的历史地位和作用，时时刻刻都将人民群众冷暖安危放心上，始终保持党同人民群众的血肉联系，把群众当主人、当亲人、当恩人，尊重人民主体地位，尊重人民首创精神，拜人民为师，把人民群众的智慧和力量充分发挥出来，形成干事创业的强大动力。

3. 以人为本，做人民群众“暖心人”

马克思主义从现实生活中的人出发，提出了人的本质是“一切社会关系的总和”，彻底改变了西方资产阶级思想家将人视为“抽象物”

的固有立场。作为具有中国特色的马克思主义政党，中国共产党以人民立场为基点，奉行以人为本的价值观，将人民视为历史的创造者，社会物质财富、精神财富的创造者和社会变革的决定性力量。

首先，中华民族五千多年的血脉在人民中凝聚，伟大的中华民族精神根基深埋于人民心中，因此我们党始终坚持从群众中来，到群众中去，一旦脱离群众，党就会失去生命力。其次，中国共产党坚持发展的目的是为了让人民过上更加幸福美满的生活，将满足人民对美好生活的向往作为党和国家工作的根本出发点和落脚点。最后，中国共产党与人民是密不可分的血肉联系和鱼水关系，只有通过坚持群众路线，以人为本，才能将我国建设成为一个富强民主文明和谐美丽的社会主义现代化强国。“江山就是人民，人民就是江山，人心向背关系党的生死存亡。赢得人民信任，得到人民支持，党就能够克服任何困难，就能够无往而不胜。”

“一切为民者，则民向往之。”党的十六大以后，以胡锦涛同志为主要代表的中国共产党人，团结带领全党全国各族人民，在全面建设小康社会进程中推进实践创新、理论创新、制度创新，深刻认识和回答了新形势下实现什么样的发展、怎样发展等重大问题，形成了科学发展观，它的核心就是要坚持“以人为本”。所谓坚持“以人为本”，就是要在治国理政的过程中充分体现和代表人民的意愿，坚持发展为了人民、发展依靠人民、发展成果由人民共享，不断让人民群众得到实实在在的利益，使全体人民朝着共同富裕的方向稳步前进。

党的十八大以来，以习近平同志为核心的党中央高度重视党的群众路线，党的十九大报告更是有200多次提到“人民”，一次提及，都代表着人民群众在共产党人心目中沉甸甸的分量。习近平总书记强调，“人民对美好生活的向往就是我们的奋斗目标”，党要始终把人民放在心中最高的位置，“始终与人民心心相印、与人民同甘共苦、与人民团结奋斗”。这些重要论述，体现了共产党人深深的为民情怀，为我们贯彻党的群众路线指明了方向，体现了我们党始终与群众心连心、情相系，始终保持党同群众的血肉联系，自觉同人民想在一起、干在一起，为人民利益而奋斗的决心。

为了满足人民对美好生活的向往，我们党大力发展教育事业，着力推进教育公平，不仅合理配置了教育资源，而且不断推进改革，破解进城务工人员子女平等接受教育的难题。为了满足人民对更稳定的工作、更满意的收入的期盼，我们党多措并举、开拓渠道、着力推动劳动就业，千方百计增加居民收入。为了满足人民对更可靠的社会保障、更高水平的医疗卫生服务的期盼，我们党不仅着力构建覆盖城乡的社会保障体系，而且着力医疗卫生服务水平的提高及养老问题的解决。在新时代，我们党带领人民打赢了脱贫攻坚战，取得抗击新冠肺炎疫情斗争重大战略成果，在中华大地上全面建成小康社会，历史性地解决了绝对贫困问题，创造了人类减贫史上的奇迹，为促进共同富裕创造了良好条件。之所以取得这些历史性的胜利，就是因为我们党始终坚持以人为本，把人民放在心中最高位置，牢记江山就是人民、人民就是江山，坚持一切为了人民、一切依靠人民，着力解决发展不平衡不充分问题，为推动共同富裕迈出坚实步伐，更好满足人民日益增长的美好生活需要。

二、始终全心全意为人民服务

相信谁、依靠谁、为了谁，是否始终站在最广大人民的立场上，是区分唯物史观和唯心史观的分水岭，也是判断马克思主义政党的试金石。坚持全心全意为人民服务是党的宗旨，只有始终牢记党的宗旨，实现人民的愿望、满足人民的需要、维护人民的利益，坚持以最广大人民的根本利益为最高标准，才能实现我们党的奋斗目标。要帮助广大党员干部提高坚持立党为公、执政为民的自觉性，提高坚持权为民所用、情为民所系、利为民所谋的自觉性，在任何时候任何情况下，党员干部都要坚持把最广大人民的根本利益放在首位，自觉用最广大人民的根本利益来检验自己的工作和政绩，做到凡是为民造福的事情就一定要千方百计办好、凡是损害广大群众利益的事情就坚决不办。

1. 心中有民，方能行之为民

践行全心全意为人民服务的根本宗旨，就是要对群众真动情、动真情，虚心倾听群众呼声，真实反映群众愿望，真诚关心群众疾苦，自觉做到心中装着群众、做事想着群众。

1944 年 9 月 8 日，毛泽东同志在追悼中央警备团战士张思德的会议上发表了著名演讲《为人民服务》。1945 年 4 月 24 日，毛泽东同志在党的七大报告上正式提出“全心全意为人民服务”的思想，并将其作为党的宗旨，党的七大将“全心全意为人民服务”的宗旨写入了《中国共产党章程》。

中国共产党成立以来，就将全心全意为人民服务作为自己的根本宗旨，并将之贯穿到所建立的国家政权、所培养选拔的干部队伍和所从事的伟大事业之中。我们党最大的优势就是密切联系群众，拥有最广大人民发自内心的拥护与支持，党执政后最大的危险就是脱离人民群众，并因此失去广大人民群众的信任。党风问题、党同人民的关系问题是关系党生死存亡的根本性问题，因此我们要始终坚持人民利益就是党的利益，全心全意为人民服务就是对党忠诚。

要做好群众的服务工作，第一就需要将群众满意度作为衡量工作好坏的“第一尺度”。群众在我们心中的重量有多重，我们在群众心中的重量就有多重，所以只有心中有民，才能做到行之为民。我们每个党员干部要树立公仆意识、服务意识、群众意识，牢牢记住我们党是从群众中来，到群众中去，要千方百计为群众办实事、解难事，在幼有所育、学有所教、劳有所得、病有所医、老有所养、住有所居、弱有所扶上不断取得新进展，保证全体人民在共建共享发展中有更多获得感。

2012 年 11 月 17 日，习近平总书记在十八届中共中央政治局第一次集体学习时的讲话中指出，密切党群、干群关系，保持同人民群众的血肉联系，始终是我们党立于不败之地的根基。一个政党，一个政权，其前途和命运最终取决于人心向背。如果我们脱离群众、失去人民拥护和支持，最终也会走向失败。习近平总书记将群众路线看作党的“生命线”和“根本工作路线”。在几十年的工作岁月里，习近平同志将群众路线始终如一地加以贯彻，他时常出现在田间地头，深入群众，了解民声，与百姓促膝长谈、与群众同甘共苦、与人民群众保持着密切联系。

2013 年 11 月 3 日下午，习近平总书记到湘西州花垣县排碧乡十八洞村苗族贫困村民施齐文家中看望时，施齐文 64 岁的老伴石爬专问起习近平：“怎么称呼您?”面对不识字，只会说苗话的石爬专大妈的提问，习总书记向大妈介绍自己是“人民的勤务员”。一句“人民的勤务员”饱含了共产党人对人民群众的深情厚意。

这几年里，习近平总书记在很多场合都强调自己是“人民的勤务员”，每逢新春佳节，习近平总书记都要深入一线，到人民群众当中送祝福、问冷暖、听民声、解民忧，这已经成为习近平总书记的工作惯例。从曾经“苦瘠甲于天下”的甘肃定西，到冰天雪地的内蒙古阿尔山；从陕北高原上的梁家河黄土地，到红色圣地井冈山革命老区；从“堆银砌玉”的张北草原，到坡急沟深的四川大凉山……习近平总书记的足迹遍及大江南北，访贫问苦，嘘寒问暖，与人民群众心心相印，他始终坚守这份人民情怀，行之所向、言之所至、思之所及无不关乎人民。每一个决策、每一次改革，都呼应着他“人民的勤务员”的身份定位，兑现了向人民许下的庄重誓言。

心中装着人民，一切为了人民。“人民的勤务员”是共产党人初心的承载，同时也是彰显总书记心怀天下的最好例证，当好人民勤务员，就是要为人民办实事、做好事，只有心中有民，时刻关注民生，才能做到想人民之所想，急人民之所急，主动、及时地为人民群众排忧解难。

2. 办事利民，则能凝聚人心

办事利民就是要提供高质量、高效率的服务，从重管理向重服务转变、从重数量向重质量转变，要提高服务意识、提升服务能力、创新服务方式方法，解决人民群众的实际需求，为群众诚心诚意办实事、尽心尽力解难事、坚持不懈做好事，从群众最关心、最迫切的问题入手，真正让群众受益，努力取得人民群众满意的实效。

群众事无小事。但在现实生活中，一些党员干部在为群众办实事工作中，思想麻痹，在处理群众工作时则是不紧不慢、能拖就拖、能推就推；一些党员干部服务群众工作中，形式主义问题严重，方式死板，只会生搬硬套，倾听群众呼声不深入、解决群众问题不到位；一些党员干部还不习惯于从管理者转变为服务者，习惯于对群众发号施令或以主人自居。但人民群众的眼睛是雪亮的，我们服务的整个过程，老百姓都看在眼里、记在心里，他们心中都有一杆秤，好与坏有自己的评判标准。长此以往，上述问题就势必会严重影响党在人民群众心目中的公仆形象，伤害人民群众的感情，降低人民群众对党的信任度，削弱党同人民群众的血肉联系。

面对这些问题，在1978年党的十一届三中全会召开前夕，邓小平同志针对政府管理中的突出问题提出了批评。他说："现在，我们的经济管理工作，机构臃肿，层次重叠，手续繁杂，效率极低。"随着经济体制改革逐渐推开，原有的政府职能已经不能适应新时代社会发展形势的需要。党的十九大报告指出"转变政府职能，深化简政放权，创新监管方式，增强政府公信力和执行力，建设人民满意的服务型政府"。改革开放以来，我国政府经历了从管制型到服务型的转变，回首这40多年来党在建设服务型政府所做出的努力，归根结底就是为了使人民群众办事做事更加方便快捷，让人们获得感、幸福感、安全感不断增强。

“利民之事，丝发必兴；厉民之事，毫末必去。”近年来，我国各级政府积极加强服务型政府建设，不断推进以便民高效为宗旨的“一站式服务”“互联网+政务”“最多跑一次”等制度建设，不断挖掘企业与群众的痛点、堵点、难点作为改进政务服务的重点，简化烦琐手续，提高办事效率，降低办事成本，优化营商环境，激发了社会活力和创造力。不仅如此，我们党还积极对发展中涉及广大人民根本利益的突出问题和重点领域进行全面改革，持续提升服务能力、决策执行能力，坚决遏制政府腐败现象，加强政府在改善社会民生、推进扶贫攻坚、维护公平正义、创新社会治理、推进绿色发展方面的工作，不断提升民生兜底保障水平，切实加强基本便民设施建设，汇聚民生保障力量，着力增进民生福祉，促进共同富裕，为实现人民对美好生活的向往不懈努力！

习近平总书记指出："为人民服务是我们党的根本宗旨，也是各级政府的根本宗旨。"所以从本质上来说，建设服务型政府就是政府通过治理创新推动便民利民，实现为人民服务的过程。我们党提出改革的方向与目标后，各级政府通过转变政府职能、强化服务意识、优化组织结构、健全职责体系、完善体制机制、规范行为管理、改进治理方式，将管理的全过程融入服务之中，从而破解了推诿扯皮、权责不明、无所作为等问题，使我们党和政府公信力、执行力、凝聚力不断增强，社会主义和共产主义的意识形态深入人心，为人民服务的宗旨落实到实处。

3. 发展为民，必能造福于民

发展是人类的永恒主题，但是关于发展以什么为中心，发展为了谁依靠谁，每个国家每个政党之间有不同的理解，也由此形成了不同的发展观。在我国，以人民为中心的发展观强调发展为了人民、发展依靠人民、发展成果由人们共享，它是唯物史观的鲜明表达，是中国实践的理论总结，构成习近平新时代中国特色社会主义思想的重要哲学内涵。

马克思主义认为人民群众是推动历史发展的主体，发展必须依靠人民群众的参与，离开人民的实践活动，就没有经济社会发展的成果；人民群众同时又是发展目的满足的对象，如果离开人民需要的满足和自由全面发展来谋求经济社会的发展，就显得毫无意义。全心全意为人民服务是党的宗旨，中国共产党诞生以来所进行的一切奋斗，归根到底都是为了最广大人民利益，都是为人民谋幸福的实践表现。所以，发展为民是社会主义本质的核心要义，它体现了社会主义性质，决定着社会主义发展方向，对改革和建设实践起引导作用。

习近平总书记强调“以人民为中心的发展思想，不是一个抽象的、玄奥的概念，不能只停留在口头上、止步于思想环节，而要体现在经济社会发展各个环节”。中国共产党成立以来，我们党的一切奋斗和工作都是为了造福人民。人民群众既是推动发展的主体，又是享受发展的客体，必须要让人民群众共享发展成果。想要推动中国的高质量发展，必须紧紧依靠人民群众，虚心向人民群众请教，要做到问计于民、汲取民智，倾听人民的声音，使各项政策举措更加民主化、科学化、规范化，依靠人民的伟力应对各种风险挑战。

党的十九大上，习近平总书记向世界庄严宣告，中国特色社会主义已经进入了新时代。新时代，是从“富起来”到“强起来”的时代。在这个时代，我国社会主要矛盾已经转化为人民日益增长的美好生活需要和不平衡不充分的发展之间的矛盾，伴随生产力水平的大幅提高，人民对物质文明和精神文明的需要如今呈现多样化、多层次、多领域、多方面的特点。人民对美好生活的向往更加强烈、需要更加广泛，不仅对物质文化生活提出了新的更高要求，而且在民主、法治、公平、正义、安全、环境等方面的需求也日益增长。与此同时，我国发展的不平衡不充分问题依旧十分严峻，已经成为满足人民日益增长的美好生活需要的主要制约因素和症结所在。这就迫切要求我们坚持用以人民为中心的发展思想破解问题、消除症结，要通过在推动高质量的发展的基础上，不断提高生产力，实现多元化生产，以更好满足人民对美好生活的新期待。

习近平总书记指出："发展必须是科学发展，必须坚定不移贯彻创新、协调、绿色、开放、共享的发展理念。"面对当前社会主要矛盾的变化，我们要认真贯彻落实习近平总书记重要讲话精神，科学把握新发展阶段，深入贯彻新发展理念，加快构建新发展格局。在加快构建新发展格局中实现更大作为，关键是要做到创新发展、协调发展、绿色发展、开放发展、共享发展的一体把握、协同推进。要深刻认识到五个方面的发展理念既相互贯通又相互促进，是具有内在联系的集合体，其中创新是第一动力、协调是内生特点、绿色是普遍形态、开放是必由之路、共享是根本目的。

我们既要从战略和全局高度把握新发展理念，又要立足具体领域扎实推进实践创新，才能以新发展理念引领新发展格局在形态上成型、功能上成熟、运行上成势，真正实现高质量发展，推动经济行稳致远、社会安定和谐、人民幸福美满。“路漫漫其修远兮”，现如今发展之路依旧任重而道远，但把握好发展这条主线，中国特色社会主义发展之路一定会更加成熟和稳定，中国共产党为人民谋福祉的初心必定会更加坚定和深入。

始终坚持全心全意为人民服务，应把握好以下要点：

首先，领导干部带头是关键。真心实意服务人民，关键在于领导干部起模范带头作用。各级领导干部身处重要岗位，他们的作风怎样，关系人民群众的利益，关系党的形象。领导干部既是社会的管理者，又是社会风气的倡导者。他们比普通老百姓有较多的话语权，通过会议讲话和各种文件以及媒体传达自己的思想与情感，从而给受众带来影响。同时，他们对具体事物的好恶及处理方式，也在无声地影响周围的人。“村看村，户看户，群众看干部”，领导干部的带头作用是关键因素。各级党政领导干部应从自身做起，从家庭做起，从本职工作做起，从现在做起，从小事做起，从一言一行做起，不断加强修养和锻炼，达到“随心所欲而不逾矩”，永远保持先进性，永远无愧于党和人民！

其次，协调利益关系是核心。社会稳定学

告诉我们：社会利益关系变化，是社会人群行为变化的主要原因，也是社会稳定与不稳定相互转化的主要原因。利益分析法是对人民的利益及其利益关系进行调查研究进而得出正确结论的一种方法。践行立党为公、执政为民的根本宗旨，既需要全心全意为人民服务的立场和观点，也需要利益分析的方法。目前贫富差距较大是引起社会心理失衡的现实根源，利益矛盾已成为我国现阶段人民内部矛盾的集中体现。因此，通过加强政策引导和调控来协调各种利益关系以保障社会公平，正是摆在党和政府面前的极为紧迫的课题。在协调利益关系上还应注意处理好两种关系：一是局部和全局的关系。既要坚持从本地区本部门的实际出发，创造性地开展工作，注意克服脱离实际、照本宣科的教条式做法，又要牢固树立全局观念，增强在大局下行动的自觉性，坚决杜绝“上有政策、下有对策”的不良现象。当单位、部门、地方的局部利益与党、国家、人民的全局利益（指大多数人民最根本、最长远的利益）发生矛盾时，应坚持局部利益服从全局利益的原则。二是眼前和长远的关系。既要抓紧解决当前经济社会发展中亟须解决的突出矛盾和问题，切实提高工作效率，认真纠正推诿扯皮、办事拖拉的衙门作风，又要着眼未来发展，建立长效机制，追求长期效果，坚决防止急功近利、寅吃卯粮的短期行为。

再次，抓好落实工作是重点。必须落实到全体党员干部的思想意识中去，确保党员干部队伍思想的纯洁性。必须落实到党和政府的政策中去，确保政策的正确性。必须落实到为民办事的具体工作中去，确保工作的实效性。要教育各级领导干部和广大党员重温入党誓词，牢记党的宗旨，把为人民谋幸福作为共产党人的毕生追求。要教育各级领导干部深入基层，深入群众，到最困难的地方去，到工作推不开的地方去，到群众最需要的地方去；时刻把群众的安危冷暖放在心上，特别是应带着深厚的感情帮助解决人民群众急难愁盼的现实问题，切实把中央惠民的各项政策措施落到实处。只有这样，我们党才能得到人民的拥护和爱戴，执政地位才能巩固。

最后，完善机制建设是保障。一要建立典型教育机制。先进典型是广大党员干部的人生标杆，是我们党的一笔宝贵的精神财富。应该用先进典型来教育党员、引导党员、激励党员，使广大的党员干部自觉地以先进人物为榜样，向先进人物看齐，不断地进行世界观、人生观、价值观的自我调整，自我改造。在正面教育的同时，我们也不应该忽视反面典型的警醒作用。通过正反两方面的教育，才能使广大党员干部校正自己的人生坐标，坚定理想信念，在大是大非面前保持清醒的头脑，在关键时刻不迷失方向，永葆思想政治上的先进性。二要建立服务导向机制。只有以人为本，以公共需求为导向才能符合公共服务的本质要求，亦即公共服务的实质所在。因此，国家机关工作人员必须广泛进行公共需求的调研，扩大政府决策的公众参与。政府及其工作人员提供什么样的服务，怎样提供服务，何时提供服务，应当广泛征求公众的意见，以公众意愿作为第一价值取向，建立相关的民意调查机构，制定公众参与决策的规则和程序，疏通民意充分表达的渠道。三要建立干部评价机制。必须建立健全一整套科学合理的制度、标准和方法，形成科学评价体系，全面准确地评价干部，为正确识别和使用干部提供科学依据。评价干部还要有周密完善的方法，既要听取上级领导的意见，又要听取一般干部群众的意见；既要听取机关内部的意见，又要听取服务对象和相关单位的意见。只有使干部得到全面、客观、公正的评价，才能进一步营造干部服务人民的良好氛围。

三、始终为人民利益和幸福而努力工作

习近平总书记在中央政法工作会议上明确指出维权是维稳的基础,维稳的实质是维权，要求处理好维稳和维权的关系，要把群众合理合法的利益诉求解决好，完善对维护群众切身利益具有重大作用的制度，强化法律在化解矛盾中的权威地位，使群众由衷感到权益受到了公平对待、利益得到了有效维护。

1. 脚踏实地， 牢记初心使命

习近平总书记在国家勋章和国家荣誉称号颁授仪式上指出，只要有坚定的理想信念、不懈的奋斗精神，脚踏实地把每件平凡的事做好，一切平凡的人都可以获得不平凡的人生，一切平凡的工作都可以创造不平凡的成就。简简单

单的话语中却闪耀着真理的光辉。世上没有一蹴而就的非凡，从平凡到非凡，总是要经历岁月的洗礼和沉淀，有的甚至要经受漫长的等待和考验。若想不凡，就需要我们共产党人尽心竭力把每一件平凡小事做好，脚踏实地、真抓实干、勇于担当，对待名利心如止水，对待工作激情如火，脚踏实地在平凡岗位默默奋斗，为祖国的繁荣富强添砖加瓦，为共产主义事业贡献自己的力量。

空谈误国，实干兴邦。新时代中国特色社会主义事业是靠奋斗拼搏干出来的事业，把人民对美好生活的向往不断变为现实，离不开每一个人的积极参与和辛勤努力。每个共产党人都从群众中来，都是平凡人，但是只要初心不改变、奋斗不停息，始终为了人民的幸福努力地工作，心无旁骛地走好眼前的路，脚踏实地地干好手中的事，平凡人就注定会有不平凡的人生。

“天行健，君子以自强不息。地势坤，君子以厚德载物。”脚踏实地做好每件事，这既是一个自强不息、激情奋斗的过程，更是一个涵德养性、厚德载物的过程，可以很好地磨砺心性，涵养品行，使我们具备担当大任的能力素质。放眼古今中外，怀有鸿鹄之志、才高八斗者不在少数，然而成就丰功伟绩、名垂千古者却寥若晨星，其关键就在于他们能否既仰望星空又脚踏实地。作为国家栋梁、民族先锋、社会楷模、行业翘楚的国家勋章和国家荣誉称号获得者，其中大多数人都长期默默无闻、鲜为人知，但他们把每一件平凡事干得风生水起，用一生的努力谱写出感天动地的英雄壮歌，成为做隐姓埋名人、干惊天动地事的典型，把卓越功勋永远写在了人民的心中。

“时代楷模”、“最美奋斗者”、最亲民、最贴心的好警察吕建江，到生命的最后一刻都坚守在综合警务服务站的岗位上，一个普普通通的民警，靠着一张念叨群众事情的“叨叨嘴”，一副把百姓当亲人的“热心肠”，一双为民服务不喊累的“勤快腿”，赢得了人民发自内心的尊敬和怀念，他以实际行动践行了“对党忠诚、服务人民、执法公正、纪律严明”的总要求，诠释了人民公安为人民的铮铮誓言。一个人做好事并不难，难的是一辈子做好事，但正是这一件件的小事，守护了一方安定，谋求了一方发展，光大了人民警察在老百姓心目中的形象，密切了党和政府与群众的联系，推动了社会的进步，传播了正能量。所以脚踏实地，牢记初心，就能使平凡的人生变得非凡。

伟大出自平凡，平凡造就伟大。奔赴在新时代建设路上的平凡英雄数不胜数，吕建江只是其中的一员。不平凡的背后是他脚踏实地的奋斗、敢为人先的创新、鞠躬尽瘁的坚守。国家强大、民族复兴需要许许多多平凡人脚踏实地一步一个脚印地砥砺前行。前路不易，我们共产党人要常怀一颗至真至诚的赤子之心，踏实工作、埋头苦干、勇毅前行，必能在新时代新征程上赢得更加伟大的胜利和荣光。

2. 求真务实，谱写实干篇章

所谓“求真”，就是“求是”，也就是依据解放思想、实事求是、与时俱进的思想路线，去不断地认识事物的本质，把握事物的规律。所谓“务实”，则是要在这种规律性认识的指导下去做、去实践。坚持求真务实、真抓实干，重在一个“真”字；坚持求真务实、真抓实干，贵在一个“实”字。

坚持求真务实，是坚持马克思主义科学世界观和方法论的本质要求。“求真务实”是对马克思主义哲学，特别是对其认识论的精神实质的精辟概括。它体现了马克思主义所要求的理论和实践、知和行的具体的历史的统一。

求真务实，是我们党一以贯之的优良传统

和作风，是党的各项事业不断取得新胜利的根本保证。在新民主主义革命、社会主义革命和建设时期，以毛泽东同志为主要代表的中国共产党人，坚持把马克思列宁主义基本原理同中国革命和建设的具体实际相结合，在求真务实的艰辛探索中，形成了新民主主义革命的理论、路线、战略和策略，并领导全国各族人民经过长期艰苦卓绝的斗争，夺取了新民主主义革命的伟大胜利，建立了新中国；紧接着又经过生产资料私有制的社会主义改造，确立了社会主义基本制度，并在基本是“一穷二白”的基础上开始进行社会主义建设，为中国特色社会主义事业奠定了必要的前提和基础。

党的十一届三中全会以来，以邓小平同志为主要代表的中国共产党人，继续坚持和发扬求真务实的科学精神，从社会主义初级阶段这个最基本的国情出发，把科学社会主义的基本原理与中国具体实际和时代特征相结合，丰富和发展了党的基本理论，形成了“一个中心、两个基本点”的基本路线，开创了中国特色社会主义的崭新道路。

党的十三届四中全会以来，以江泽民同志为主要代表的中国共产党人，坚持党的求真务实的优良传统不动摇，坚持党的基本理论和基本路线不动摇，坚持走中国特色社会主义道路不动摇，领导全国各族人民，开创了马克思主义的新境界，取得了改革开放和社会主义现代化建设的新胜利。在新形势下，胡锦涛同志紧扣现实工作中的突出问题，从端正工作作风入手，把工作作风和思想路线联系在一起，将求真务实视为贯彻党的思想路线的切入点和核心内容。

2016 年 9 月 28 日，在纪念刘华清同志诞辰 100 周年座谈会上的讲话中，习近平总书记指出:“求真务实是共产党人的重要思想和工作方法。我们一定要在实践中认识真理、把握规律，用发展着的马克思主义指导新的实践，用新的实践丰富和发展马克思主义，敢于直面矛盾，敢于较真碰硬，为做好党和国家工作深思深察、尽责尽力、善作善成。”所以面对新时代、新形势、新任务，发展要有新思路，改革要有新突破，工作要有新举措，这一切都需要求真务实、真抓实干的精神状态和工作作风。

以铜为鉴，可正衣冠；以人为鉴，可明得失。为人民群众做好服务贵在求真务实，所以我们每一个共产党人要想在工作中落实求真务实的工作作风，需重视抓落实、敢于抓落实、善于抓落实。首先，求真务实重在求，人民群众需要什么，急盼什么，我们就先解决什么，将实事办到老百姓的心坎上，让人民暖心、群众安心、百姓放心。其次，求真务实难在真，有的党员干部干事创业不是在聚集动员喊口号，就是在作秀留痕走过场，我们作为人民的勤务员，要发自内心地想帮助人民解决问题，认认真真、踏踏实实解决好人民的问题。最后，求真务实贵在实，我们要一切从实际出发，不摆花架子、不做表面文章，要说老实话、办老实事、做老实人，以钉钉子的精神，埋头苦干、真抓实干，切实把工作落到实处。除此之外，还要善于总结发展中的新经验，善于探索解决问题的新办法，善于找到攻坚破难的好措施，从创新思路入手，敢于突破旧思想、旧观念、旧传统的束缚；善于用新的眼光审视工作，做到敢干、肯干、会干；善于总结规律，顺应规律，抓住规律，应用规律，进而掌握规律，这样做事才会事半功倍，取得更好的效果。

3. 开创未来，为新时代努力奋斗

习近平总书记在党的十九大报告中指出："经过长期努力，中国特色社会主义进入了新时代，这是我国发展新的历史方位。"中国特色社会主义新时代，是承前启后、继往开来、在新

的历史条件下继续夺取中国特色社会主义伟大胜利的时代。进入新时代，踏上新征程，新征程也是新的赶考之路。新的赶考之路是意气风发向着全面建设社会主义现代化国家迈进之路，是为实现中华民族伟大复兴而奋斗的追梦之路。新的赶考之路上，每名共产党员都应不负时代、不负韶华，接续奋斗、砥砺前行，为人民利益和幸福而努力工作，为更加美好的新时代努力奋斗。

人民有信心，国家才有未来，国家才有力量。走好新时代的长征路是一场为实现人民对美好生活向往的永久主动战。百年来，我们党带领人民进行革命、建设、改革，先后使人民获得了政治解放，解决了温饱，过上了全面小康的日子，赢得了人民的衷心拥护和爱戴。面向第二个百年奋斗目标，步入新征程，要继续守住人民的心，就要始终坚持以人民为中心，紧紧围绕就业、分配、教育、医疗、住房以及疫情防控、环境建设等人民群众急难愁盼问题，着力解决发展不平衡不充分问题，实现更高质量、更有效率、更加公平、更可持续、更为安全的发展，在高质量发展中促进共同富裕。

以史为鉴，开创未来。带领人民创造幸福生活，始终是我们党坚定不渝的奋斗目标，新的征程上，一方面，我们应增强居安思危、未雨绸缪的忧患意识，有效防范和化解前进道路上的各种风险。我们党建党百年、新中国成立70多年、改革开放40多年的历史，从来都不是一帆风顺的，所以我们要见微知著、防微杜渐，下好先手棋，打好主动仗，善于在危机中育新机、于变局中开新局，努力工作、开创未来。另一方面，我们要积极发扬开拓进取精神，增强使命意识、责任意识、担当意识，以“不积跬步，无以至千里；不积小流，无以成江海”的决心，培养战胜一切艰难险阻的本领和勇气，迎难而上、逆势作为，以昂扬的斗志，带领广大群众，砥砺前行，克服艰难险阻，不断推动中国的各项事业取得长足的进步和发展。

展望未来，我们依然笃信，中国人民的幸福生活、中华民族的伟大复兴，只能靠脚踏实地、真抓实干来实现。在实现伟大复兴的征程上，作为共产党人的我们，只有不忘初心、牢记使命，只有脚踏实地、真抓实干、勇于担当，以永不懈怠的精神状态和一往无前的奋斗姿态一以贯之继续实干，才能实现伟大梦想。

我们党立志于中华民族千秋伟业，做前无古人的伟大事业。今天，我们比历史上任何时期都更接近、更有信心和能力实现中华民族伟大复兴的目标，同时必须准备付出更为艰巨、更为艰苦的努力。伟大的目标在前召唤，壮阔的征程就在脚下。正像习近平总书记谆谆告诫的，“路虽然还很长，但时间不等人，容不得有半点懈怠”。我们将在以习近平同志为核心的党中央坚强领导下，永远保持共产党人的奋斗精神，永远保持对人民的赤子之心，始终把人民利益摆在至高无上的地位，始终同人民想在一起、干在一起，以人民忧乐为忧乐，以人民甘苦为甘苦，努力为人民创造更美好、更幸福的生活。

总之，坚持以人民为中心，党员干部应在新时代“四个伟大”的实践中切实做到以下六点：

一是掌握民情。民情指人民群众的实际情况，包括其思想文化状况、就业生产状况、经济收入状况、家庭生活状况等。掌握民情要采取“领导在一线调研、干部在一线服务、成效在一线检验”的“一线工作法”，实行普遍走访和重点走访相结合，坚持“四必访”：贫困病残必访、留守老弱必访、致富能人必访、外来人员必访；做到“四必清”：村情乡貌必清、发展思路必清、群众家庭状况必清、群众思想诉求必清。掌握民情还要做到三点：一要深入。

民情调查研究不能浮在表面，不能高高在上，要树立良好的作风，坚持深入基层、深入群众，到问题最多的一线去，到矛盾最突出的地方去，这样才能为进一步解决问题和科学决策打下基础。二要务实。民情调研要坚持一切从实际出发，摸实情、讲实话、办实事、求实效，解决基层的实际困难和问题。三要思考。开展民情调研必须勤于思考、善于思考，要透过现象认清本质，通过偶然发现必然，努力从日常的现象中分析出带有规律性的东西，采取有效措施，解决现实问题。

二是尊重民意。民意主要指老百姓的意愿和需求。认真倾听群众的呼声，充分尊重群众的意愿，是密切党和人民群众血肉联系的必然要求。如果我们对群众的呼声和意愿敷衍塞责甚至漠然置之，党的形象就会受到损害，政府的诚信度就会降低。民意不可违，要切实把群众的呼声和意愿作为指导各项工作的“第一信号”，人民群众的呼声和意愿是其根本利益的综合体现，是推动和引导我们各项工作的“第一信号”。因此，我们要在基层建立群众工作站，真正做到问政于民、问需于民、问计于民，真诚倾听群众呼声，真实反映群众愿望，真情关心群众疾苦，依法保障人民群众权益。为解决老百姓办事难的问题，可推行以证照村代办、补贴村代发、矛盾村里调、信息村里问、农资村里购、书报村里读等为主要内容的“民事村代办”制度。以村（社区）代办站为基础，乡镇（管理区）便民服务中心为平台，县政务服务中心为依托，实行“一次性告知、一站式办理、一条龙服务”。

三是关注民生。关注民生就是要关心老百姓的生活需要和切身利益。要把保障和改善民生放在更加突出的位置，作为政府一切工作的出发点和落脚点，努力把提高人民生活水平的阶段性任务和经济社会发展的长远目标统一起来，把实现人民的当前利益和长远利益结合起来，把解决群众的实际困难与各级政府的日常工作结合起来，采取一系列政策措施来解决上学难、就业难、收入分配不公、社会保障不力、居住条件不够等重点民生问题。应运用好民生考核评价指挥棒，切实解决好人民群众的就业、医疗、教育、住房、养老等民生问题。民生评价指标体系可由就业增收、教育文化、医疗卫生、社会保障、解困救助、安居宜居、环境保护、公共安全、社会服务九个一级指标构成，加强对保障和改善民生工作的引导。要切实把关心和服务群众作为各级领导干部的“第一职责”，千方百计为群众办实事、解难事，在幼有所育、学有所教、劳有所得、病有所医、老有所养、住有所居、弱有所扶上不断取得新进展，保证全体人民在共建共享发展中有更多获得感。

四是开发民智。开发民智就是要提升民众的思想道德素质、科技文化素质、法律素养和能力素质。要着力培育现代公民，增强公民的自主、自觉、自律、自为的时代意识。公民意识要自主培养，公民意识主要包括权利义务意识、主人翁意识、责任意识。自主培养公民意识对于建立社会法治秩序、促进社会稳定和谐有着重要意义。法律制度要积极遵守，公民守法是社会安定有序的重要条件，公民应自觉学法、懂法、守法、用法，维护法制的尊严、权威，自觉履行法定义务，促进社会稳定发展。社会管理要积极参与，公民参与是健全社会管理格局的重要环节，是保障民主选举、民主决策、民主管理、民主监督的科学制度安排，公民应积极自觉参与社会管理和服务，确保社会治理优良。道德责任要自我承担，社会主义道德要求人们树立为人民服务的核心价值观，自觉加强社会公德、职业道德、家庭美德、个人品德建设，促进人际关系的和谐。能力素质要自我提升，要在现代社会竞争中求得发展，就必须加强自主开发来积极主动提升素质和能力，适应社会环境。公民自主、自觉、自律、自为等观念和行为，都需要公民的自我管理，但也离不开社会的教育引导和道德要求、政府的政策调节和法律规范。因此，要将德治与法治有机结合起来，使公民将外在的制度规范和道德要求内化为自觉的心理和行为，从而培养出有理想、有道德、有文化、守纪律的公民，加强社会治理，实现社会和谐。

五是保障民权。保障民权就是保障群众知情权、参与权、表达权、监督权和其他正当权益。切实把群众的评价作为衡量各项工作的“第一尺度”。当年，改革开放和社会主义现代化建设的总设计师邓小平曾鲜明地提出一个衡量我们各项工作的根本标准，那就是看“人民拥护不拥护、赞成不赞成、高兴不高兴、答应不答应”。这个衡量标准实际上就是我们这里讲的“第一尺度”。因此，要很好地发挥“第一尺度”的作用，就必须着力完善和扩大群众的相关民主权利，健全民主制度，丰富民主形式，拓宽民主渠道，巩固和扩大基层民主，扎实推进村（居）民自治，坚持政务公开、党务公开，尤其要扩大群众的知情权，增强群众的监督权，强化群众的评判权，保障群众的选举权。

六是凝聚民力。凝聚民力，就是要凝聚民众的智慧和力量，推动事业发展。民意不可违、民智不可弃、民力不可失；民意反映民生，民生连着民心，民心凝聚民力。得民心者得天下，失民心者失天下。在工作上要紧紧依靠人民群众，做到谋求发展思路向人民群众问计，查找发展中的问题听取人民群众的意见，改进发展措施向人民群众请教，落实发展任务依靠人民群众努力，衡量发展成效由人民群众评判。

第四章

坚持人民当家作主

马克思主义政党先进性的表现之一就是坚守人民立场，坚持人民当家作主是坚持人民至上的实践展现。习近平同志指出：“中国共产党领导人民实行人民民主，就是保证和支持人民当家作主。”我们的党是代表中国最广大人民根本利益的党，没有任何自己特殊的利益，从来不代表任何利益集团、任何权势团体、任何特权阶层的利益，这是党立于不败之地的根本所在，也是人民当家作主能得以实践的根本所在。人民当家作主制度体系包括人民代表大会制度、中国共产党领导的多党合作和政治协商制度、民族区域自治制度、基层群众自治制度以及社会主义协商民主制度等丰富的具体制度形式和运行机制。要坚持人民当家作主，就意味着不断完善人民当家作主制度体系，实践和发展全过程人民民主，坚持协商民主制，坚持民主集中制和坚持党的群众路线。

一、发展全过程人民民主

新中国成立以来,特别是改革开放以来，我们党团结带领人民在发展社会主义民主政治方面取得重大进展，以全过程人民民主作为对中国特色社会主义民主特色和优势的概括和全新表述。习近平总书记于 2019 年 11 月 2 日考察上海市长宁区虹桥街道基层立法联系点时，首次提出“人民民主是一种全过程的民主”。其后,“全过程民主”作为对中国特色社会主义人民民主的高度概括，被写入新修订的《中华人民共和国全国人民代表大会组织法》和《中华人民共和国全国人民代表大会议事规则(修正草案)》。2021 年 7 月 1 日，在庆祝中国共产党成立 100 周年大会上的重要讲话中，习近平总书记又特别强调要“发展全过程人民民主”。2021 年 10 月，在中央人大工作会议上，习近平总书记指出：“党的十八大以来，我们深化对民主政治发展规律的认识，提出全过程人民民主的重大理念。”

1. 全过程人民民主的内涵和特点

全过程人民民主具有深刻内涵、鲜明特色和显著优势。从其深刻内涵来看，习近平总书记在人大工作会议上对全过程人民民主进行了阐释——不仅有完整的制度程序，还有完整的参与时间，实现了过程民主和成果民主、程序民主和实质民主、直接民主和间接民主、人民民主和国家意志的统一，是全链条、全方位、全覆盖的民主，是最广泛、最真实、最管用的社会主义民主。

从其鲜明特色来看，全过程人民民主是有别于西方式民主的中国式民主。“全过程”“人民”作为其两大关键词，概括地体现了其有别于西方式民主的特点。“全过程”体现了全过程人民民主的全链条、全方位、全覆盖。习近平总书记指出：“人民是否享有民主权利，要看人民是否在选举时有投票的权利，也要看人民在日常政治生活中是否有持续参与的权利；要看人民有没有进行民主选举的权利，也要看人民有没有进行民主决策、民主管理、民主监督的权利。”“既保证人民依法实行民主选举，也保证人民依法实行民主决策、民主管理、民主监督，切实防止出现选举时漫天许诺、选举后无人过问的现象。”习近平总书记指出：“人民只有投票的权利而没有广泛参与的权利，人民只有在投票时被唤醒、投票后就进入休眠期，这样的民主是形式主义的。”“全过程”意味着人民群众参与选举、决策、管理和监督等政治生活的全过程，绝非只有在选举之时才被唤起投票的“竞选民主”。全过程人民民主是存在于民主参与、民主选举、民主协商、民主决策、民主管理、民主监督的全过程，运行于民主执政、民主立法、民主行政、民主监察、民主司法、民主守法、民主治理、民主自治的全链条，涵盖了党内民主与人民民主、直接民主与间接民主、选举民主与协商民主、基层自治民主与国家政治民主、政治民主与经济民主、军事民主与文化民主、传统民主与网络民主、国内民主与国际关系民主等各个领域，全体人民平等普遍真实享有的民主。“人民”体现了全过程人民民主的本质和内核。“人民”始终是全过程人民民主的出发点和落脚点，全过程人民民主不是“空壳民主”。这是中国式民主区别于西方式民主的关键。一方面，全过程人民民主是“以人民为中心”的民主，尊重人民作为国家主人翁的地位，强调对人民当家作主权利的保障，面向解决人民关切的问题，体现对最广大人民根本利益的追求；另一方面，全过程人民民主是“尊重人民首创精神”的民主，强调发挥最广大人民的聪明才智，体现人民意志，激发人民创造活力。

从其显著优势来看，全过程人民民主得以不断实践和发展的根本支撑在于中国共产党的领导。习近平总书记指出，中国共产党根基在人民、血脉在人民、力量在人民，始终与人民休戚与共、生死相依。中国共产党是植根于人民的党，始终依靠人民的党，也是始终服务于人民的党。党的领导作为人民当家作主的根本政治保证，正是全过程人民民主有血有肉，得以不断实践和完善的优势所在。

2. 全过程人民民主的实践与发展

全过程人民民主不是口号，绝非装饰品。中国共产党的百年奋斗历程正是不断推动全过程人民民主实践与发展的历程。早在延安时期，中国共产党人就以“豆选”方式创造性地实践了民主选举，编出“金豆豆，银豆豆，豆豆不能随便投。选好人，办好事，投在好人碗里头”这类与民主选举相关的民谣来对农民进行宣传和动员。

1954 年《中华人民共和国宪法》制定，人民代表大会制度充分明确和保障人民群众行使民主权利、参与民主决策，成为在我国政治发展史乃至世界政治发展史上具有重大意义的全新政治制度，形成全过程人民民主的制度载体。人民民主理念在其后几次《中华人民共和国宪法》修订过程中体现得淋漓尽致。其后，城乡基层民主有序发展，形成了以村民委员会为组织形态的农村村民自治、以社区居民委员会为组织形态的城市居民自治、以职工代表大会为组织依托的企事业单位职工自治，建成了全方位、立体化的基层群众自治制度。制度体系伴随着人民民主理念的不断发展而不断地完善。2021 年 3 月 11 日，第十三届全国人民代表大会第四次会议通过决定，首次修改了施行 30 多年的《中华人民共和国全国人民代表大会组织法》和《中华人民共和国全国人民代表大会议事规则》，增加了“充分发挥在全过程民主中的作用”的表述，要求全国人民代表大会及其常务委员会坚持全过程人民民主，始终同人民保持密切联系，倾听人民的意见和建议，体现人民意志，保障人民权益。2021 年 10 月 19 日，《中华人民共和国地方各级人民代表大会和地方各级人民政府组织法（修正草案）》提请全国人大常委会会议审议，拟将“坚持全过程人民民主”写入法律。

全过程人民民主的实践鲜活地呈现于我国政治生活领域的方方面面。截至 2021 年 4 月，全国各级人民代表大会产生来自各民族、各行业、各阶层、各党派的代表 262 万多人，一线工人、农民和专业技术人员在各级人大代表大会的会场带去人民群众的呼声和愿望。依法直接选举在社区和村委会等基层组织中已全面铺开，城乡居民依法选举产生了近 280 万名村（居）委会成员，村委会村民参选率高达 95%，居民委员会换届选举参选率达 90% 以上。各级重要规划编纂期间召开的座谈会收集各方人士有关制定规划的意见和建议，仅 2020 年 8 月 16 日至 29 日，全国“十四五”规划编制工作开展了网上征求意见，就从群众的献策中整理出 1000 余条建议；从 2014 年起国务院开始组织“我向总理说句话”的网民建言征集活动，至今已组织了 7 轮，人民群众的意见和建议可以直达国务院，参与到国家治理当中。法律法规编纂修订过程中的社会公开征求意见环节汇集广大民众的所思所想，2021 年 1 月 1 日起实施的《中华人民共和国民法典》，就是在广泛征求人大代表、地方人大、基层立法联系点、中央有关部门和社会公众意见的基础上完成的，有关部门先后10次向社会公开征求意见，累计收到42.5万人提出的102万条意见和建议。在城乡基层社会治理中，北京胡同的“小院议事厅”，浙江温岭的“民主恳谈会”，江苏苏州的“协商议事室”，湖南涟源、衡南和溆浦等地的“屋场恳谈会”等议事协商的创新此起彼伏，多样、畅通、有序的民主渠道和参与机制不断形成和完善，公共政策的形成和完善包含着人民群众的主张和建议。

事实不断证明，全过程人民民主是中国人民充分认可、真正享有、大力支持的民主政治制度，具有显著的制度优势、强大的生命力和光明的发展前景。为此，习近平总书记指出，在迈向全面建设社会主义现代化国家的新征程上，必须紧紧依靠人民创造历史，坚持全心全意为人民服务的根本宗旨，站稳人民立场，贯彻党的群众路线，尊重人民首创精神，践行以人民为中心的发展思想。推动全过程人民民主的实践与发展，一要进一步厘清和构建理念支撑，通过对全过程人民民主理念内涵、外延、特征等进行充分和深刻的理论阐释，形成对实践和发展全过程人民民主的指导。二要持续形成和健全制度保障，法律法规和制度建设充分体现人民意志、保障人民权益、激发人民创造活力，形成和完善全面、广泛、有机衔接的人民当家作主制度体系，以完善的制度程序确保完整的参与实践。三要加大对民众的宣传引导，人民素质在不断提升，但对如何充分实现自身在社会治理中的民主权利却未必十分清楚，有必要通过全民素质教育、公益广告投放、普法宣传、群众屋场会等多种形式，加深民众对全过程人民民主的认知和理解，推动全过程人民民主的实践与发展。

二、坚持协商民主制

习近平总书记指出："在中国社会主义制度下，有事好商量、众人的事情由众人商量，找到全社会意愿和要求的最大公约数，是人民民主的真谛。"社会主义协商民主是我国人民民主的重要形式，是实现党的领导的重要方式，是我国社会主义民主政治的特有形式和独特优势。随着中国特色社会主义的发展，民主协商随之实现了广泛、多层和制度化的发展。坚持协商民主制，是对人民民主真谛的诠释，是体现全过程人民民主的重要形式，是实现人民民主的重要途径，是寻找"全社会意愿和要求的最大公约数"的金钥匙。

1. 协商民主制的内涵与特点

何为协商民主？2007 年 11 月,《中国的政党制度》白皮书第一次使用“协商民主”的概念，强调“选举民主与协商民主相结合，是中国社会主义民主的一大特点”。习近平总书记指出，人民通过选举、投票行使权利和人民内部各方面在重大决策之前进行充分协商，尽可能就共同性问题取得一致意见，是中国社会主义民主的两种重要形式。通过依法选举、让人民的代表来参与国家生活和社会生活的管理是十分重要的，通过选举以外的制度和方式让人民参与国家生活和社会生活的管理也是十分重要的。协商民主与选举民主同为中国社会主义民主的重要形式，是由中国共产党和中国人民创造、适合中国国情需要、具有中国特色的民主。具体而言，社会主义协商民主是在中国共产党领导下，人民内部各方面围绕改革发展稳定的重大问题和涉及群众切身利益的实际问题，在决策之前和决策实施之中开展广泛协商，努力形成共识的重要民主形式。2015 年，中共中央印发了《关于加强社会主义协商民主建设的意见》。十九大明确提出了七大协商渠道，分别为政党协商、人大协商、政府协商、政协协商、人民团体协商、基层协商以及社会组织协商。由此可知，多党合作和政治协商制度是协商民主制的题中之义，而人民团体协商、基层协商乃至社会组织协商的相关制度也在不断完善，通过多样化的渠道，不同群体能够充分表达各自意愿，阐明观点，发表意见和建议。

协商民主是中国社会主义民主政治中独特的、独有的、独到的民主形式，具有人群广泛性、方式多样性、参与全过程性等特点。首先，从协商民主的参与人群来看，“有事好商量、众人的事情由众人商量”体现了协商民主的特色。不管有无党派，有无职务，都可以通过正式或非正式的“商量”，不同程度地参与到国家治理之中，成为党的群众路线在政治领域的重要体现，体现了协商民主制参与人群广泛性的特点。其次，从协商民主的实践方式来看，既有每年一度的各级“两会”的定期召开作为正式协商方式，通过各界别各民族各行业代表们聚集一堂，提出和讨论提案，各抒己见；又有各级政府在规划制定和政策实施过程中不定期组织的听证会和面向社会发布的意见征求会，注重求同存异，广纳群言、广集民智；还有各类人民团体组织搭建桥梁，展开商讨，不同群体能够充分表达各自意愿，阐明观点，发表意见和建议；以及基层组织协同社会组织，有效沟通、充分交流、交换意见，化解矛盾冲突、促进社会和谐稳定……正式和非正式的方式不胜枚举，体现了协商民主制方式多样性的特点。再次，从协商民主的覆盖面来看，在选举之外，社会治理过程之中，强调公民参与公共事务的讨论、协商、管理，在决策之前和决策之中广泛多层协商，体现了协商民主制参与的全过程性。

2. 协商民主制的实践与发展

协商民主是中国共产党领导人民在革命、建设和改革过程中不断实践不断发展的民主形式。革命时期，党对党外同盟力量以统一战线方式进行政治整合，协商民主主导着中国共产党的统战实践。建设时期，协商民主是动员新中国各种政治社会力量参与国家建设和社会建设的重要方法。新中国国旗的产生就体现着协商民主的魅力。自 1949 年 6 月中国人民政治协商会议筹备会提出并公开征集国旗图案后，海内外共有 2992 幅设计图参选，1949 年 9 月，中国人民政治协商会议第一届全体会议召开。这次会议全体代表表决采纳“红地五星旗”方案，并更名为“五星红旗”。“有事好商量”在新中国的国家治理中更是有着充分的展现。1956 年

12月，毛泽东同志在同工商界人士谈话中形象地说，“我们政府……可以叫它是个商量政府”。改革开放以后，我国协商民主在实践中不断创新发展，显示出旺盛生命力。进入新时代，社会主义协商民主全面展开、充满活力。仅以政协推动的政治协商来看，各种不同的协商形式得以实践。如每年由中共中央总书记主持，至少召开四次党外人士座谈会，就各民主党派关注的重点问题、半年度经济社会发展情况、中央全会文件、中央经济工作会议文件等内容进行协商；又如在决策之前和执行过程中以专题协商形式开展充分的协商议政活动；还有平时不定期组织的健全完善党政部门与专门委员会的对口协商及各界别与对口部门的常态化联系；以及针对提案质量、办理水平等的提案办理协商；此外，随着信息技术的日趋便捷，通过网络实现参与、对话的网络协商也在探索实践中。从基层政府创新推动的社会协商来看，屋场恳谈会、民主议事会、村（居）民议事会、民主恳谈会、青春屋场会等名称各异的基层治理协商实践在全国各地全面开花。

社会主义协商民主制的实践始终伴随着我国经济社会发展过程中利益格局调整和形势发展变化，也将适应我国经济社会发展所处新的历史时期的需要而持续不断地发展。党的十九届四中全会提出“坚持社会主义协商民主的独特优势，统筹推进政党协商、人大协商、政府协商、政协协商、人民团体协商、基层协商以及社会组织协商，构建程序合理、环节完整的协商民主体系，完善协商于决策之前和决策实施之中的落实机制，丰富有事好商量、众人的事情由众人商量的制度化实践”，为协商民主制度的发展指明了方向。

要完善协商民主制度和工作机制，推动协商民主广泛、多层、制度化发展。要把协商民主贯穿于政治协商、民主监督、参政议政全过程，更好地协调关系、汇聚力量、建言献策、服务大局。党的十八大报告正式提出了“协商民主”的概念，党的十八大和十八届三中全会作出健全社会主义协商民主制度和推进协商民主广泛、多层、制度化发展的战略部署。2014年9月21日，习近平同志在庆祝中国人民政治协商会议成立65周年大会上发表重要讲话，全面阐述了社会主义协商民主一系列理论和实践问题。党的十九届四中全会对社会主义协商民主的实践和发展进行了进一步部署。

要推进政党协商、人大协商、政府协商、政协协商、人民团体协商、基层协商以及社会组织协商，以七种主要协商渠道将协商民主全面嵌入党和国家治理的重大决策过程和日常治理过程。七种渠道的协商实践涵盖了在党的领导下协商民主的方方面面，要加强对协商形式、协商程序和协商保障机制的探索，实现以七种主要协商渠道为依托，使协商民主理念在政治领域和公共事务治理全过程的嵌入。政党协商是中国共产党同民主党派直接进行政治协商的重要民主形式。要进一步丰富政党协商的形式，规范政党协商的程序，加强知情明政机制、考察调研机制、工作联系机制、协商反馈机制等政党协商保障机制的建设。人大协商是人民民主权利体现的重要通道，要特别鼓励基层人大更好地汇聚民智、听取民意。政府协商应基于人民群众对政治经济发展、人民生命财产等重大问题、重大利益的关切，广泛听取社会各方面的意见和建议，吸纳利益相关方参与协商。政协协商应基于对网络议政、远程协商等形式的探索，立足于政协委员协商能力的提升。人民团体具有与人民群众密切联系的优势，应发挥纽带作用，健全人民团体直接联系群众的工作机制，更好地组织和代表群众参与公共事务。基层协商是指基层政府和村、社区等基层组织就基层治理相关问题进行协商的民主形式。应丰富和完善协商形式，积极发挥协商民主的作用，及时化解矛盾纠纷，促进社会和谐稳定。社会组织是逐渐壮大的社会治理主体，应在坚持党的领导和政府依法管理之下，引导社会组织有序开展协商，更好为社会服务。

要推动形成完整的制度程序和参与实践。正如习近平总书记所言，“民主不是装饰品，不是用来做摆设的，而是要用来解决人民要解决的问题的”。通过形成完整的制度程序，促成广泛的参与实践，扩大公民有序政治参与和社会治理，实现人民当家作主的权利，方能更好地优化科学民主决策，助推矛盾的化解和社会的稳定，推动国家治理体系和治理能力现代化，进一步夯实党的执政基础。确立协商议事原则，在协商过程中增加互动环节比重；在协商结果的报送、采纳、落实方面，形成责任制和民主监督制。应根据不同协商渠道的特点，分类形成制度规范和工作规则，相应规定其参加范围、讨论原则、基本程序、交流方式等，构建权责清晰、程序规范、关系顺畅、运行有效的协商民主制度体系。按照科学合理、管理有序、简便易行、民主集中的要求，加强协商活动程序设计，完善协商议题提出、协商计划制定、协商人员确定、协商活动开展、协商成果采纳落实和反馈等工作机制，形成步步衔接、环环相扣的闭环运行流程，以完善的规则程序为广泛的参与实践保驾护航。

三、坚持民主集中制

民主集中制是党和国家机构的根本组织制度和领导制度,区别于西方语境的“民主制”，具有中国特色社会主义民主政治的鲜明特点。坚持人民当家作主就是要以最广泛的人民民主为基础，在党内和国家治理的过程中坚持将民主基础上的集中和集中指导下的民主相结合，体现民主集中制原则。

1. 民主集中制的内涵与特征

民主集中制是马克思主义政党有别于其他政党的根本组织原则和领导制度。中国共产党从一开始就是按照民主集中制原则组织起来的。中国共产党二大首次确认了民主集中制的建党原则，1945 年党的七大第一次详细阐述了民主集中制，在后续修订的党章中不断丰富其内涵。新中国颁布的第一部宪法也明确规定："全国人民代表大会、地方各级人民代表大会和其他国家机关，一律实行民主集中制。"

党章对作为党的基本原则的民主集中制作了如下规定：（1）党员个人服从党的组织，少数服从多数，下级组织服从上级组织，全党各个组织和全体党员服从党的代表大会和中央委员会。（2）党的各级领导机关，除它们派出的代表机关和在非党组织中的党组外，都由选举产生。(3) 党的最高领导机关是党的全国代表大会和它所产生的委员会，党的各级委员会向同级的代表大会负责并报告工作。(4) 党的上级组织要经常听取下级组织和党员群众的意见，及时解决他们提出的问题。党的下级组织既要向上级组织请示和报告工作，又要独立负责地解决自己职责范围内的问题。上下级之间要互通情报、互相支持和互相监督。(5) 党的各级委员会实行集体领导和个人分工负责相结合的制度。凡属重大问题都要由党的委员会集体讨论，作出决定。(6) 党禁止任何形式的个人崇拜。要保证党的领导人的活动处于党和人民的监督之下，同时维护代表党和人民利益的领导人的威信。

宪法对作为国家机构基本组织原则的民主集中制作了如下规定：(1) 全国人民代表大会和地方各级人民代表大会都由民主选举产生，

对人民负责，受人民监督。（2）国家行政机关、审判机关、检察机关都由人民代表大会产生，对它负责，受它监督。（3）中央和地方的国家机构职权的划分，遵循在中央的统一领导下，充分发挥地方主动性、积极性的原则。

民主集中制的特点也正是它区别于西方“民主制”的优势所在，即通过把充分发扬民主和正确实行集中有机结合，最大限度激发创造活力，又可以统一全党思想和行动，有效防止和克服议而不决、决而不行的分散主义，是科学合理而又有效率的制度。在决策之前通过广泛的民主实现对建议和意见的收集，集思广益；在决策之时通过有效的集中实现令行禁止。例如，党在制定关于经济、政治、文化、社会、生态文明建设的重大政策时，一般先由中共中央提出建议，同时与各民主党派、全国政协进行充分协商，广泛征求社会团体、广大人民群众意见，再通过法定程序将党的主张变成国家意志，以保证党的决策科学化民主化。习近平总书记指出，民主集中制是我们党的根本组织制度和领导制度，正确规范了党内政治生活、处理党内关系的基本准则，是反映、体现全党同志和全国人民利益与愿望，保证党的路线方针政策正确制定和执行的科学的合理的有效率的制度。

2. 坚持和完善民主集中制

民主集中制的正式提出，始于俄国社会民主工党成立之初所面临的组织软弱涣散和不得不处于地下工作状态的客观条件。列宁提出，为了“彻底摆脱狭隘的地方分散性”，应该建立一个统一的“集中制的党”，“集中制思想”应该是“作为建党基础的基本思想”，由此，明确提出了“民主集中制”。1906 年俄国社会民主工党第四次代表大会通过的党章明确宣布：“党的一切组织是按民主集中制原则建立起来的。”

在十月革命后，民主集中制被作为党的根本组织原则推广至各国共产党。《联共（布）党史简明教程》把民主集中制概括为："（一）党的各级领导机关从上到下按选举产生；（二）党的各级机关定期向自己的党组织报告工作；（三）严格遵守党的纪律，少数服从多数；（四）上级机关的决议，下级机关和全体党员必须绝对执行。"中国共产党始终坚持民主集中制，使之形成中国特色社会主义的瑰宝。1935 年 1 月，在红军长征途中召开的遵义会议，坚持独立自主，按照民主集中制原则作出一系列重大决策，在极其危急的关头挽救了党、挽救了红军、挽救了中国革命，堪称我们党早期实行民主集中制的典范。2018 年 12 月，习近平总书记在中央政治局召开的民主生活会上再次强调指出："我们要把民主和集中有机统一起来，真正把民主集中制的优势变成我们党的政治优势、组织优势、制度优势、工作优势。"

坚持和完善民主集中制，要辩证地理解和处理民主与集中的关系。民主集中制包括民主和集中两个方面，两者互为条件、相辅相成、缺一不可。民主是集中的前提和基础，离开民主讲集中，集中就成了个人专权专断。集中是民主的必然要求和归宿，离开集中搞民主，就会导致极端民主化和无政府状态。只有把民主和集中有机统一起来，才能拧成一股绳、握成一个拳头，推动事业不断向前发展。毛泽东同志在《关于正确处理人民内部矛盾的问题》一文中对民主与集中的关系有全面且辩证的论述："在人民内部，民主是对集中而言，自由是对纪律而言。这些都是一个统一体的两个矛盾着的侧面，它们是矛盾的，又是统一的，我们不应当片面地强调某一个侧面而否定另一个侧面。在人民内部，不可以没有自由，也不可以没有纪律；不可以没有民主，也不可以没有集中。这种民主和集中的统一，自由和纪律的统一，就是我们的民主集中制。”由此，党在作出重大决策、制定大政方针时，与国家机关和社会组织、广大人民群众进行民主协商，在此基础上再进行集中，既要充分发扬民主，又要善于集中统一，体现民主集中制原则。在民主集中制下，为了确保民主的实现和效率的发挥，必须把握组织与代表组织的个人之间的区别，用少数服从多数的原则限制领导者个人起作用的范围。对于领导干部，民主集中制意味着要注重坚持集体领导、争取大多数以及尊重和保护少数。做到既能激发创造活力，最大限度调动积极性和主动性，又有利于在集思广益的基础上实现集中，增强凝聚力和战斗力。

譬如，党的代表大会报告、党的全会文件、党的重要文件和重大决策、政府工作报告、重大改革发展举措、部门重要工作文件，按程序要求多次征求意见和建议。各级党委政府重大决策和工作部署需要通过内部讨论，以座谈会、调研、谈话等形式，听取各方意见和建议，方案形成后还需集体审议。这就是为了充分发扬民主。在以充分发扬民主的方式完成意见和建议收集之后，决定权须予以集中并做到令行禁止。以集中维护团结统一，避免群龙无首、一盘散沙，以民主调动各方积极性和创造性，确保治国理政形成强大合力，这就是民主基础上的集中和集中指导下的民主。

坚持和优化民主集中制，要从所处时代出发对民主集中制的实践路径进行适当调整。在革命战争时期、社会主义建设时期和改革开放时期，民主集中制的实践路径体现出不同的特点。譬如，1928 年，针对党和人民军队内部存在的各种非无产阶级思想，毛泽东指出，民主集中主义的制度一定要在革命斗争中显出了它的效力。党在井冈山革命根据地开始了坚持民主集中制的探索。1941 年，抗日战争进入战略相持阶段，敌后战场形势日益严峻，为了集中优势兵力争取胜利，反对游击主义和分散主义，提高党性、巩固团结，我们党提出了集中统一领导的要求。新中国成立后，毛泽东同志提出社会主义建设时期的民主集中制与战争年代相比较应该有所调整和区别，在《论十大关系》中专门强调了给地方、基层和企业自主权的问题。邓小平同志在《解放思想，实事求是，团结一致向前看》中也讲道："我想着重讲讲发扬经济民主的问题。现在我国的经济管理体制权力过于集中，应该有计划地大胆下放，否则不利于充分发挥国家、地方、企业和劳动者个人四个方面的积极性，也不利于实行现代化的经济管理和提高劳动生产率。应该让地方和企业、生产队有更多的经营管理自主权。""同样，要切实保障工人农民个人的民主权利，包括民主选举、民主管理和民主监督。不但应该使每个车间主任、生产队长对生产负责任、想办法，而且一定要使每个工人农民都对生产负责任、想办法。”改革开放后，为避免个人或少数人凌驾于组织之上，通过严肃党内政治生活、规范处理党内重要关系、建立党内正常的权力关系、明确领导集体成员之间权力效力平等原则，建立健全重大事项集体决策制度，确定“三重一大”即重大事项决策、重大项目投资决策、重要干部任免与大额资金使用的决策范围和界限，推行重大问题决策“票决制”等。为了避免“决而不行”，又将个人分工负责作为落实集体决策的有效方法，从而增强集体决策后的行动能力和执行能力。这种将集体领导与个人分工负责有机结合起来的制度安排，体现了完善发展民主集中制的精髓要义。就如何处理集体决策和个人分工的关系，习近平总书记曾作过一个形象的比喻：领导班子如同一支乐队，只能有一个指挥，离开了指挥，乐队的演奏就不协调；乐队指挥通过巧妙精致地指挥，吹拉弹唱，丝竹和谐，或是轻柔委婉，或是激越雄壮，齐奏出悦耳动听的交响乐。领导班子的“一把手”就应该成为这样的指挥，善于把“多种声音”协调为“一首乐曲”，从而使领导集体的决策尽可能反映客观实际，符合人民利益。

党的十八大以来，以习近平同志为核心的党中央站在新的历史起点，建立党中央决策议事协调机构，建立全流域、跨区域、多部门一体化的局部治理科学化的治理体系，各级党委（党组）都要实行集体领导制度等。这些具体的做法体现着新时代中国共产党对民主集中制的完善发展。

四、坚持党的群众路线

中国共产党来自人民、植根人民、服务人民，党的根基在人民、血脉在人民、力量在人民。密切联系群众，是党的性质和宗旨的体现，是中国共产党区别于其他政党的显著标志。“一切为了群众，一切依靠群众，从群众中来，到群众中去”的群众路线是党的生命线和根本的工作路线，是民主集中制的实践基石，是事业成败的关键，是人民当家作主的具体体现。习近平总书记强调，“群众路线是我们党的生命线和根本工作路线，是我们党永葆青春活力和战斗力的重要传家宝。不论过去、现在和将来，我们都要坚持一切为了群众，一切依靠群众，从群众中来，到群众中去，把党的正确主张变为群众的自觉行动，把群众路线贯彻到治国理政全部活动之中”。

1. 党的群众路线的内涵和特点

马克思主义认为，历史是人民群众创造的。以毛泽东同志为主要代表的中国共产党人，从中国实际出发，把马克思主义的基本原理同中国革命的具体实践相结合，运用马克思主义的立场、观点和方法，提出了党的群众路线的基本观点。《中国共产党章程》规定：“党在自己的工作中实行群众路线，一切为了群众，一切依靠群众，从群众中来，到群众中去，把党的正确主张变为群众的自觉行动。”

由此，至少回答了与党的群众路线密切相关的两个问题，也是体现党的群众路线特点的认识观和方法论。其一，如何对待群众？“一切为了群众，一切依靠群众”；党是人民群众的先锋队，代表最广大人民群众的利益，应当牢牢地与人民群众始终站在一起，始终依靠人民群众。其二，如何开展群众工作？坚决做到“从群众中来，到群众中去”，充分了解人民群众的所思所盼，汲取人民群众的聪明才智，由人民群众推动历史发展。

早在 1934 年，毛泽东同志就曾指出，“一切群众的实际生活问题，都是我们应当注意的问题”“就得关心群众的痛痒，就得真心实意地为群众谋利益，解决群众的生产和生活的问题，盐的问题，米的问题，房子的问题，穿衣的问题，生小孩子的问题，解决群众的一切问题”。

2. 坚持走好党的群众路线

人心向背关系党的生死存亡，人民拥护和支持是党执政的最牢固根基。新时代新阶段，坚持群众路线，就要坚持以人民为中心，牢记并恪守全心全意为人民服务的根本宗旨，把群众路线贯彻到党治国理政全部活动之中。坚持走好党的群众路线，把党的正确主张变为群众的自觉行动，方能基业长青。

坚持党的群众路线，就是在思想上始终把人民放在心中最高位置。“不忘初心，方得始终。”习近平总书记指出：“人民是我们党执政的最大底气，是我们共和国的坚实根基，是我们强党兴国的根本所在。我们党来自于人民，为人民而生，因人民而兴，必须始终与人民心心相印、与人民同甘共苦、与人民团结奋斗。”从当前的实践来看，就是要充分领会习近平新时代中国特色社会主义思想，做到“以人民为中心”。习近平总书记指出：“中南海要始终直通人民群众，我们要始终把人民群众放在心中脑中”“以人民忧乐为忧乐，以人民甘苦为甘苦，牢固树立以人民为中心的发展思想，始终怀着强烈的忧民、爱民、为民、惠民之心，察民情、接地气，倾听群众呼声，反映群众诉求”。如此，才能真正将全心全意为人民服务落到实处、接到末端、见到真效。

坚持党的群众路线，就是要坚持人民主体地位，充分调动最广大人民的积极性、主动性、创造性。人民是历史的创造者。靠着争取群众、组织群众、依靠群众、植根群众、凝聚群众，在革命战争时期中国共产党将千百万人民群众组织和团结在周围，取得了一个又一个胜利，成为中国共产党人克敌制胜的法宝。新中国成立之后，中国共产党已经连续稳定执政72年，这与我们党充分尊重人民所表达的意愿、所创造的经验、所拥有的权利、所发挥的作用，紧紧依靠人民是密不可分的。抗美援朝，抗震救灾，疫情防控……正是千千万万人民群众众志成城，方能不断克服艰难险阻，创造历史伟业。由此，要坚持尊重群众首创精神，带领群众接续奋斗。要提高群众思想觉悟，用党的理论武装群众，使群众愈来愈深刻地认识到个人命运与民族国家兴衰的联系，用群众喜闻乐见、易于接受的方法开展工作；要用党员先锋模范行动影响带动群众，不断激发蕴藏在人民群众中的创造伟力，把党的正确主张变为群众的自觉行动，推动人民群众发挥聪明才智，为经济社会长期稳定协调可持续的发展共同奋斗。

坚持党的群众路线，就是在行动上要面向群众反映的突出问题。在制定党的理论和路线方针政策时，在推进国家治理体系和治理能力现代化过程中，真正做到“以人民为中心”，照亮人民群众的光明未来和幸福前景，符合最广大人民的根本利益和所思所盼。这就需要完善调查研究的工作方法，大兴调查研究之风，乐于并善于深入到人民群众中，畅通群团组织和社会组织与人民群众直接联系的新通道，关注互联网渠道及新媒体和网络社群中的社情民意，深入了解人民群众实现美好生活愿景的障碍，关注人民群众反映突出的困难和问题，将人民群众的意愿和要求作为制定路线方针政策的根本依据，把解决人民群众生产生活中的困难和问题作为基本目标，把人民对美好生活的向往作为奋斗方向，让人民有更多的获得感。与此相应的，习近平总书记指出，“人民群众反对什么、痛恨什么，我们就要坚决防范和纠正什么”。由此，对人民群众的期待和诉求的回应不仅应体现在柴米油盐、衣食住行的民生问题，也应体现在对回应党的组织建设和作风建设等相关问题上。

坚持党的群众路线，就是要以优良作风把人民群众紧紧凝聚在一起，使作风建设要求真正落地生根。早在1949年党的七届二中全会上，毛泽东就告诫广大党员“继续地保持谦虚、谨慎、不骄、不躁的作风”“继续地保持艰苦奋斗的作风”。党内存在的思想不纯、政治不纯、组织不纯、作风不纯等问题，形式主义、官僚主义、享乐主义和奢靡之风“四风”影响党的先进性、弱化党的纯洁性，归根到底都是脱离人民群众，导致的结果都是引起人民群众的强烈不满。习近平总书记指出：“让群众满意是我们党做好一切工作的价值取向和根本标准，群众意见是一把最好的尺子。”“凡是群众反映强烈的问题都要严肃认真对待，凡是损害群众利益的行为都要坚决纠正。”要强化务实作风，服务理念，着眼长远，建立健全促进党员、干部坚持为民务实清廉的长效机制。

第五章

坚持在发展中保障和改善民生

马克思主义认为，人民群众是社会物质财富和精神财富的创造者和享受者，是推动历史发展和进步的主体力量。作为马克思主义指导下的政党，中国共产党第十九届中央委员会第六次全体会议明确指出，人民至上是中国共产党百年奋斗取得的重要经验之一。在新的赶考之路上，我们要继续毫不动摇地坚持发展为了人民、发展依靠人民、发展成果由人民共享，团结带领14亿中国人民为实现中华民族伟大复兴而努力奋斗。

一、发展是第一要务

发展是人类社会的永恒主题。要发展是所有社会、所有阶段人们的共识，但以什么样的理念来指导、走什么样的发展道路，人们一直在苦苦探索中。为谁发展、依靠谁发展、发展成果由谁共享，是社会主义现代化和资本主义现代化的分水岭。马克思、恩格斯通过历史性考察后认为，未来社会是建立在物质与精神、经济与社会、人与自然等均衡发展基础上的，最终目的是实现“每个人自由而全面的发展”。

1. 发展是执政兴国的第一要务

1949年新中国成立之初，一穷二白，百废待兴。中国共产党通过逐步完成对农业、工业和资本主义工商业的三大改造，更好地适应生产力发展的需要。1956 年我们得以建立以公有制为基础的社会主义经济制度。刘少奇在同年召开的党的八大上代表党中央提出，随着三大改造的完成，地主阶级和资产阶级整体上已经被消灭，阶级矛盾不再是我国社会的主要矛盾。当前的主要矛盾已经转变为人民群众对于建设一个先进工业国的要求和落后的农业国的现实之间的矛盾，是人民群众对于经济文化迅速发展的需求和当前经济文化发展不能满足人民需求之间的矛盾。这就决定了中国共产党的核心任务就是要领导全国各族人民，建设一个先进的工业国，满足人民群众日益增长的经济文化的需求。通过社会主义建设，我们以发展为主要抓手，我国从当初连许多基本的生活资料都无法自主生产的落后状况，发展到基本建立了完整的工业生产体系，国家实力有了相当程度的增强。

1978 年 12 月 18 日召开的党的十一届三中

全会，否定了以阶级斗争为纲，果断将党和国家的工作重心转移到实现四个现代化建设上来。全会认识到，当前中国社会的主要矛盾，不再是阶级矛盾，而是人民群众日益增长的物质文化需要和落后的社会生产之间的矛盾。因此，我们要以民生的满足为出发点和落脚点，以实现四个现代化为依托，解放思想、实事求是，研究新情况、解决新问题，不断解放发展生产力。1992 年春，邓小平同志在南方谈话中第一次明确提出了社会主义的本质在于解放生产力，发展生产力，消灭剥削，消除两极分化，最终实现共同富裕。这意味着，只有通过不断推动生产力的发展，才能够不断增加社会产品的供给，乃至实现物质产品的极大丰富，充分满足民生的有效需求，最终实现共同富裕。改革开放四十多年来，我们始终牢记发展才是硬道理，正是通过不断发展，让中国从一个落后的农业国成为世界第二大经济体，广大人民在就业、教育、医疗、住房、社会保障、基础设施建设等方面的幸福感、获得感与安全感大大增强。

2020 年，我国国内生产总值(GDP) 总量成功突破 100 万亿人民币大关，人均 GDP 连续超过 1 万美元，人均可支配收入超过 32000 元，比 2010 年增加了 1 倍左右。按照国际标准，我国已经成功走出“中等收入”陷阱，进入全球中高收入国家行列。尽管这是新中国成立七十多年来、改革开放四十多年来我国取得的又一个举世瞩目的伟大成就，但是我们也要看到我们的不足。党的十八大、十九大以来，习近平总书记多次强调，我国目前仍处于并将长期处于社会主义初级阶段的基本国情并没有变，我国是世界上最大发展中国家的国际地位并没有变。

不难发现，习近平总书记强调的“两个没有变”揭示了一个重要的事实，即我国目前的发展水平与发展阶段距离实现中华民族伟大复兴还有相当长的距离。第一个“百年承诺”已然实现，但要实现第二个“百年承诺”，让中国人民从富起来走向强起来，让国家从社会主义大国变成社会主义现代化强国，“全党必须准备付出更为艰巨、更为艰苦的努力”。毕竟，“中华民族伟大复兴，绝不是轻轻松松、敲锣打鼓就能实现的”。要实现这一伟大目标，我们的总抓手始终要依靠发展。

只有通过不断地发展，我们的物质文明、政治文明、精神文明、社会文明、生态文明水平才能够全面提升。依靠发展不断增加社会产品和服务的供给，在就业、教育、医疗、住房、养老、社会保障等方面增加更多的投入，让广大人民不愁吃、不愁穿，在义务教育、基本医疗和住房安全方面享有更好的保障，让我国人民享有更加幸福安康的生活。依靠发展建设高度的社会主义民主，确保人民当家作主的地位不断巩固；全面实现国家治理体系和治理能力现代化，推动实现党委领导、政府负责、社会协同、公众参与、民主协商、科技支撑、法治保障的社会治理新格局。依靠发展持续推动一带一路伟大倡议的实施，构建人类命运共同体，促进疫情之下全球经济的全面复苏，让中国成为综合国力和国际影响力领先的国家。依靠发展建设强大的军事国防力量，拥有雄厚的科学技术自主研发能力，推动我国在全球产业链和供应链水平的不断提升，让中华民族以更加昂扬的姿态屹立于世界民族之林。

中国共产党建党 100 年来，始终高举马克思主义的伟大旗帜，牢记发展才是硬道理的方针。通过发展让中国从当初的贫穷落后建成了全面小康社会，在九百六十多万平方公里的土地上消除了绝对贫困，创造了人类社会减贫史上的奇迹。在新的赶考之路上，要实现第二个百年承诺，全面建成富强、民主、文明、和谐、美丽的社会主义现代化强国，仍然需要坚持发展这个第一要务。正基于此，党的十九大以来，习近平总书记反复强调，发展是党执政兴国的第一要务，是解决中国所有问题的关键，更是实现国家富强、民族复兴、人民幸福的中国梦的前提和基础。

2. 高质量发展是我国发展的新阶段

党的十八大以来，中国特色社会主义进入新时代。新时代最突出的新特征之一便是，当前我国已经从传统的高速增长转向高质量发展阶段。这意味着，我国的发展速度从高速转向中高速增长，从粗放式转向集约式；发展思路和主要目标从传统片面追求发展速度和规模转向强调发展质量和发展效益。《中共中央关于制定国民经济和社会发展第十四个五年规划和二〇三五年远景目标的建议》明确指出，“十四五”时期经济社会发展指导思想……坚持稳中求进的工作总基调，以推动高质量发展为主题。

高质量发展是体现新发展理念的发展，是创新成为第一动力、协调成为内生特点、绿色成为普遍形态、开放成为必由之路、共享成为根本目的的发展。

新中国成立以来乃至改革开放以来的相当长一段时间里，在西方宏观经济学比较优势理论的影响下，面对西方发达国家明显的科技优势，我国人口红利和资源能源红利充足，科学技术发展相对滞后，因此逐步走上了劳动密集型和资源能源密集型的产业发展道路，主动承接了西方国家已经失去比较优势的传统加工工业和制造业。然而，随着经济发展和社会进步，当前我国面临的国际国内形势出现了很大的变化，一方面单边主义、保护主义、“长臂管辖”等逆全球化潮流不断涌动；另一方面，国内自然生态环境已经达到承载极限，污染状况触目惊心。正如习近平总书记在中央经济工作会议上指出的那样，面对劳动力成本上升、资源环境约束增大、粗放的发展方式难以为继、经济循环不畅问题十分突出的现实局面，高质量发展是我国未来经济保持持续健康发展的必然要求。

当前我国65岁及以上人口比重占13.50%，达到1.9亿人。人口老龄化程度远高于世界平均水平（65岁及以上人口占比9.3%），但低于发达国家平均水平（65岁及以上人口占比19.3%）。其中，包括湖南省在内的我国12个省份65岁及以上老年人口比重已经超过14%，意味着提前进入深度老龄化阶段。数据表明，2010年至2020年的10年时间里，我国65岁以上老人比例增加4%以上，劳动力人口则下降6%以上。从未来的发展来看，我国老龄化趋势在未来10年将面临更加严峻的形势。

1964年我国人口普查结果为7.23亿，1982年达到历史生育率最高峰时，人口总数为10.08亿。也就是说，我国有近三亿人口出生于

1964—1982 年。这意味着自 2029 年开始，我国会有大量的劳动力人口变成老龄人口（65 岁以上）。

在我国劳动力数量不断减少的情况下，每年的新生儿数量也呈现出下降趋势。基于此，为了缓解老龄化带来的压力，党的十八大以后，在党中央国务院的统一部署下，有关部门决定自 2014 年元旦开始逐步放开二胎生育资格限制，当年新生儿数量同比增加 47 万人。但自 2015 年开始，该政策便后续乏力，新生儿数量同比减少 32 万人。为了提高人口生育规模的增加幅度，自 2016 年元旦开始我国推行“全面二孩”政策，当年新生儿数量同比增加 131 万人。但该政策一年后同样遭遇后续乏力的困境。自 2017 年开始，我国新生儿数量出现了四连降，负增加值超过了 600 万人。新生儿出生总数也从最高值 1786 万人减少到 2020 年的 1173 万人，下降幅度超过 600 万人。与此同时，2017 年之后，作为新生儿主体的二胎所占比例开始下降，从最高值的50%下降到2020年的40%左右。这表明，人口刺激政策的效果在持续衰退。

通过上面的分析不难发现，随着人口红利的日渐稀薄和资源能源供应的紧张，党中央在十八大以来果断决定产业结构转型升级，以低碳环保绿色产业取代高污染高耗能和劳动密集型产业，以新发展理念引领高质量发展，是党中央准确识变、科学应变、主动求变，是着眼于下好先手棋、打好主动仗的结果，为的就是促进我国经济长期向好发展、健康发展，不断促进高质量发展向纵深推进。

3. 高质量发展是强国之所需

建设社会主义现代化强国，是全体中华儿女共同的愿望。要让强国的梦想照进现实，必须下大气力解决我国当前面临的一系列问题和不足，尤其是我国当前发展不平衡不充分的问题依然突出的基本现状。

我们要客观认识到，我国改革开放采取的不是高风险的休克式疗法，而是个别实验、形成经验、积极推广、顶层设计加以规范的积极稳妥式的改革思路和模式。从深圳、珠海等 4 个点逐步扩展到沿海 14 个开放城市一条线，再扩展至东部沿海省份一大片，最后扩展到中西部地区，这就决定了在公共政策、地理区位、交通物流、市场资本、人才科技、公共服务等方面存在着天然的差距，再加上前文提到的基本国情，因此可知我国存在发展不平衡不充分的问题是长期客观存在的，也是这种发展模式必然的结果。不过，随着人口和产业的迁徙与集群，我国在区域发展、城乡发展、收入分配等方面的差距已经明显影响到了欠发达地区的经济发展、基础设施建设、财政收入等，这就为当地人民群众生活的保障和改善带来了新的困难和挑战。

首先，在区域发展不平衡方面。2020 年我国内地 31 个省、自治区、直辖市 GDP 排行榜当中，广东和江苏分列前两位，均超过了 10 万亿人民币。如果与国际进行横向对比的话，广东和江苏的产值分别超过了同期的韩国和澳大利亚。据统计，2020 年全球 GDP 排行榜当中韩国和澳大利亚分列第 11 位和 13 位。这意味着我国发达地区的经济发展水平已经提前进入发达国家的发展阶段。同时，我国欠发达地区的经济总值与发达地区相对比，差距是十分明显的。中部地区 GDP 与广东和江苏相比普遍只有后者的 10%～50%；西部地区则普遍在 30% 以下，部分省区市则在 5% 以下。因此，如果欠发达地区不改变落后的产业结构与发展模式，在粗放式发展难以为继的情况下，与东部沿海地区的差距只会越来越大。

其次，在城乡发展不平衡方面。改革开放四十多年来，伴随着城镇化运动的不断推进，我国城镇人口在2020年人口普查中史无前例地超过农村人口，超过9亿，人口、资源和产业向城市集中的趋势越来越明显，农村地区与城市的发展差距越来越大。反映在我国城乡居民的收入中，1978年，我国城乡居民的收入差距仅为210元左右；到了2020年则超过了26700元。正基于此，党中央在全面建成小康社会、消除绝对贫困的基础上，适时颁布实施了《中华人民共和国乡村振兴促进法》，要实现农村精准扶贫与乡村振兴的无缝对接，更好推进城乡统筹发展，缓解发展差距过大带来的一系列问题。

再次，在发展不充分方面。改革开放之初，由于没有现成的经验可以借鉴，只能摸着石头过河。因此，尽管中央再三强调在发展过程中不能走西方国家先污染、后治理的老路，不能以牺牲环境为代价换取经济的一时发展，但在实践过程中，唯GDP至上主义的风气仍然在各地盛行，一些地方将发展才是硬道理片面地理解成经济发展，甚至把经济发展狭隘地理解成GDP 增长。因此，在发展过程中，片面强调效率、忽视公平正义，片面强调宏观调控、忽视市场的调节作用，片面强调改造自然、忽视了人与自然和谐发展。导致在发展过程中，对自然资源和能源普遍存在滥采滥伐、利用率低、浪费过多、工业三废随意排放等一系列问题。

4. 高质量发展是民生之所盼

马克思主义告诉我们，人民群众是社会物质财富和精神财富的创造者和享受者，是推动历史发展和前进的根本动力。因此，人类社会发展史就是在发展生产力的过程中不断满足人的需求的历史。根据马克思和恩格斯在《德意志意识形态》一书中的论述，全部人类历史的第一个前提无疑是有生命的个人的存在，这些个人把自己和动物区别开来的第一个历史行动不在于他们有思想，而在于他们开始生产自己的生活资料。人民群众创造了社会的物质财富和精神财富，从而满足了人的初始需求，继而引发新的需求，从而推动生产力的进一步发展。因此，随着经济社会的发展与进步，人的需求也会随之水涨船高，从生存需要、发展需要再到享受需要。一言以蔽之，经济发展为持续改善民生奠定坚实物质基础，民生持续不断改善为经济发展创造更多有效需求。二者相辅相成、互为促进。

如果说在新中国成立之初，国家尚一穷二白的情况下，在旧社会饱受战乱之苦的广大人民群众对于民生的期盼就是活着的话，那么改革开放之后对于民生就希望能够活得好，活得出彩。如果说当初的生活态度是将就，那么后来则变成了讲究。新中国成立七十多年来，中国共产党团结带领全体中国人民一步步实现了从站起来走向富起来，接下来还要实现强起来。

从民生的角度来看，就是党的十九大报告首次提出的“不断满足人们日益增长的美好生活需要”的重要论断。

该如何理解“美好生活需要”？有人认为能够吃上有机绿色无公害蔬菜是美好生活，有人认为能够享受蓝天绿水是美好生活，也有人认为不管身处何方都有充分的安全感是美好生活。我们认为，每个人的理解都是符合内心真实想法的，都是合理的。不过，作为执政党，我们显然要找到14亿中国人民的最大公约数。党的十九大报告指出，我国稳定解决了十几亿人的温饱问题，总体上实现小康，已全面建成小康社会，人民美好生活需要日益广泛，不仅对物质文化生活提出了更高要求，而且在民主、法治、公平、正义、安全、环境等方面的要求日益增长。

人民是中国共产党一切治国理政的出发点和落脚点，保障和改善民生是中国共产党最大的政绩，也是执政的基础和保障。在中国特色社会主义进入新时代的背景下，民生的表现形式也从党的十一届三中全会首次提出的“物质文化需要”上升到了十九大报告提出的“美好生活需要”。具体而言包括两个层面。一个层面是对原有的物质文化需要提出了更高要求。这表明如果说改革开放之初人民群众对于物质产品的需求更多是关注产品本身的使用价值的话，那么现在人民群众对于物质产品的需求除了使用价值之外，对产品的科技附加值则提出了更高的要求；如果说当初对于物质产品的需求是以中低端供给为主，那么现在对于物质产品的需求则是以中高端供给为主。比如衣服，过去更多的是关注衣服是否保暖；现在除了保暖功能之外，人们在衣服面料的舒适程度、款型样式、免熨烫等方面有了更高的要求。要满足的话，依赖传统粗放式的发展和劳动密集型产业显然是解决不了的。只有通过高质量发展，遵循新发展理念，以科技创新为根本动力，提高衣服的科技含量，才能满足人民群众的美好生活需要。另一层面则是对人们赖以生存的生活生态环境和自然生态环境提出了要求。如果说过去人们更加关注自身的话，那么现在则更加关注社会的和谐与公正、人与自然的和谐共生。要实现民生的这个要求，传统高污染高耗能的产业发展模式显然是南辕北辙。只有通过高质量发展，淘汰落后产能、引进新动能，推动绿色环保产业发展，才能真正让人们享受到绿水青山带给我们的幸福感。

二、保障和改善民生的主要内容

如果从不同的阶层、性别、职业、年龄出发来讨论民生的话，恐怕不同的人对民生的内容的理解并不会完全一样。比如有人认为民生主要是要抓好教育、医疗、社会保障三个方面，因为这是每一个家庭都必须要面对的事情；也有人认为民生关键是要增加人民群众的收入，所谓手中有钱、心中不慌，有钱就好办事；还有人认为民生内容的关键是社会的法治建设，要推进公平正义。

1. 习近平总书记的相关重要论述

从人民至上的角度看，民生涵盖的范围很广，几乎是无所不包。党的十八大以来，习近平总书记始终将民生工作作为党和国家各项工作中的重中之重，在多个重要场合强调民生工作的重要性。

2012 年 11 月 15 日，习近平同志首次以总书记的身份带领十八届中央政治局常委会组成人员同中外记者见面时谈到民生的问题，他深情地指出：我们的人民热爱生活，期盼有更好的教育、更稳定的工作、更满意的收入、更可靠的社会保障、更高水平的医疗卫生服务、更舒适的居住条件、更优美的环境，期盼孩子们能成长得更好、工作得更好、生活得更好。人民对美好生活的向往，就是我们的奋斗目标。

2017 年 10 月 18 日，习近平总书记在党的十九大报告中阐述 14 条“新时代中国特色社会主义思想和基本方略”时，专辟一条详细阐述了“坚持在发展中保障和改善民生”。习近平指出，增进民生福祉是发展的根本目的。必须多谋民生之利、多解民生之忧，在发展中补齐民生短板、促进社会公平正义，在幼有所育、学有所教、劳有所得、病有所医、老有所养、住有所居、弱有所扶上不断取得新进展。深入开展脱贫攻坚，保证全体人民在共建共享发展中有更多获得感，不断促进人的全面发展、全体人民共同富裕。建设平安中国，加强和创新社会治理，维护社会和谐稳定，确保国家长治久安、人民安居乐业。

2017 年 11 月 30 日，习近平主席在会见出席“2017 从都国际论坛”的世界领袖联盟成员时谈到民生的问题，他强调了不同阶段对民生的不同理解。习近平指出：以前我们要解决“有没有”的问题，现在则要解决“好不好”的问题。我们要着力提升发展质量和效益，更好满足人民多方面日益增长的需要，更好促进人的全面发展、全体人民共同富裕。

2018 年 4 月下旬，在湖北考察工作过程中，针对民生工作的重点和难点问题，习近平总书记指出：要抓住人民最关心最直接最现实的利益问题，把人民群众的小事当作我们的大事，从人民群众关心的事情做起，从人民满意的事情抓起，加强全方位就业服务，高度重视困难群众帮扶救助工作，加快建成多层次社会保障体系，加强社会治理体系建设，坚持精准扶贫精准脱贫，推进民生保障精准化精细化。

2019 年 4 月中旬在庆祝海南建省办经济特

区 30 周年大会上，习近平总书记针对民生问题再次指出，要加快推进民生领域体制机制改革，尽力而为、量力而行，着力提高保障和改善民生水平，不断完善公共服务体系，不断促进社会公平正义，推动公共资源向基层延伸、向农村覆盖、向困难群体倾斜，着力解决人民群众关心的现实利益问题。

2019 年 11 月初在上海考察时，习近平总书记着重指出，要抓住人民最关心最直接最现实的利益问题，扭住突出民生难题，一件事情接着一件事情办，一年接着一年干，争取早见成效，让人民群众有更多获得感、幸福感、安全感。要履行好党和政府的责任，鼓励和支持企业、群团组织、社会组织积极参与，发挥群众主体作用，调动群众积极性、主动性、创造性，探索建立可持续运作机制。

通过习近平总书记关于保障和改善民生工作的一系列重要论述，我们可以得出这样的观点：首先，保障和改善民生的内容并没有明确的边界，因为人民是我们执政的最大底气。因此，民生工作不单单是教育部门、卫健部门、人社部门的事情，而是党和政府所有部门都必须要为之努力的事情。其次，以“七有”为代表的民生工作涵盖了全过程全周期，是民生工作首要也是最基本的内容。再次，通过发展保障和改善民生，除了我们的中心工作经济建设以外，还包括了政治建设尤其是制度建设，包括公共服务体系、社会治理体系、应急管理体系等，推动实现更高水平的民生。最后，民生工作没有终点，人有所呼，改革就要有所应，才能不断提高人民群众的幸福感、获得感与安全感。

2. 涵盖全方位全周期的基本民生

第一，教育是民生之基。就个体而言，教育是提高自身文化和道德水平，获得一份体面工作进而实现较好生活水平的前提和基础。对于社会而言，教育则是提高全社会尤其是少数民族、落后地区、残障人士的文化和道德水平，践行社会主义核心价值观，实现知行合一、构建社会主义和谐社会的重要基础。就国民经济来说，教育是有效推动科技创新，推动供给侧结构性改革，导向高质量发展，提高劳动者的报酬，扩大内需，实现广大人民群众高品质生活的重要基础。就国家和民族来说，教育强国是中华民族伟大复兴的基础工程，教育事业必须放在优先发展的位置。

第二，就业是民生之本。就业是最大的民生，对于一个家庭来说是天大的事情……中国有9亿劳动力，没有就业那就只是9亿张吃饭的口，有了就业就是9亿双可以创造巨大财富的手。党中央、国务院提出的促进复工复产的基本方略“以六保推动六稳”中，“六保”之首就是要保居民就业。毋庸置疑，有工作岗位才有收入，有收入才谈得到民生的保障。

第三，收入分配是民生之源。劳有所得、勤劳致富是社会主义核心价值观倡导的重要内容。应当说，收入分配是民生工作各环节中的关键一环。马克思主义关于生产关系三要素的重要理论中，产品分配的形式是非常关键的一环，也是生产资料所有制的形式以及人们在生产劳动中的相互关系这两大要素最终的落脚点，更是广大人民群众幸福感、获得感与安全感的重要来源。

第四，住房是民生之安。自古以来，安居乐业既是百姓的幸福追求，也是历朝历代执政者期望达到的目标。如果细分的话，安居又是乐业的前提。因此，住房问题是执政者非常关注的民生问题。如果贫者几无立锥之地，富者却田连阡陌，这样的社会就谈不上稳定与发展了。唐代安史之乱时，杜甫流离失所，一段时期甚至只能在茅屋中栖身。然而，作为朝廷的左拾遗，他尽管自身生活落魄却依然心系百姓。在著名的《茅屋为秋风所破歌》中，杜甫感慨道，“安得广厦千万间，大庇天下寒士俱欢颜，风雨不动安如山。呜呼，何时眼前突兀见此屋，吾庐独破受冻死亦足。”深刻表达了一个良善的官员对于民生的深切关注。

第五，医疗是民生之需。习近平总书记在党的十九大报告中指出，人民健康是民族昌盛和国家富强的重要标志。人活一世，任谁都无法保证自己不生病。只有完善的医疗卫生服务，才能真正确保广大人民群众的身体健康。只有一个民族有健康的体魄，才能百业兴旺，才能保家卫国，将昔日“东亚病夫”的帽子彻底丢弃。没有健康的身体，民生便无从谈起，更遑论生活品质。基于此，有学者指出，身体是人生存和发展的载体，无论学习、工作、生活、社会活动，都需要有健康的身体，所以消除疾病、维护健康乃是民生之所需。

第六，社会保障是民生之依。在我国，社会保障是兜底社会低收入群体、保障人民群众基本生活、减少人民群众生活成本、践行社会主义核心价值观、构建社会主义和谐社会的重要基石。1986 年，随着社会保障管理服务社会化被正式载入国家发展计划，中国社会保障制度真正进入转型时期，社会保障制度开始进入真正意义上的改革时代。从那时起，覆盖全民、统筹城乡、公平统一、可持续的多层次社会保障体系从无到有开始逐步建立，其目标就是要实现病有所医、老有所养、弱有所扶。

3. 涵盖三大体系的更高水平民生

如前文所述，在全面建成小康社会的基础上，中国共产党团结带领全国各族人民踏上了新的赶考之路，要解决发展不平衡不充分的问题，满足人民群众日益增长的美好生活需要。因此，在发展中保障和改善民生的重大命题，除了基本民生之外，还要通过公共服务体系、社会治理体系、应急管理体系等三大体系的建立和完善，推动实现更高水平的民生，不断改善人民生活品质。

首先，通过完善的公共服务体系，提高公共服务质量，让人民群众享受到更高水平的公共服务。当今时代互联网革命方兴未艾，通过科技力量让公共服务平台由传统的线下转变为线上线下互动，实现让数据多跑腿、让群众少走路，尤其是少走不必要的冤枉路，达到最多跑一次的服务效果。随着我国经济的稳步发展和财政收入的不断提升，要不断增加民生领域的支出力度，让人民群众尤其是老少边穷地区的群众出门有路、坐车有公交、喝水有自来水、手机有信号。在大中型城市，通过建立多个城市次中心，提高公交、地铁等公共交通的建设力度，避免早晚高峰城市拥堵的大城市病，避免一到节假日市中心便人满为患，实现就近解决衣食住行以及购物娱乐，真正实现城市让生活更美好的目标。

其次，通过完善的社会治理体系，推动共

建共治共享的社会治理新格局的积极构建，让人民群众从传统的被管理者成为社会的治理主体。通过多元共治格局的实现，充分发挥人民群众的积极性、主动性和创造性，保障人民当家作主的地位。习近平总书记强调，治国理政时在人民内部各方面进行广泛商量。在中国社会主义制度下，有事好商量，众人的事情由众人商量，找到全社会意愿和要求的最大公约数。通过新时代继续践行“枫桥经验”，实现基层矛盾冲突的有效化解，实现邻里和谐、乡风淳朴，日子越过越有奔头，生活越过越美好。

最后，通过完善的应急管理体系，提高应对疫情、地震、洪涝灾害等突发事件的能力和水平，最大限度保障人民群众生命安全和身体健康，最大可能减少财产损失，保障基本的生活秩序和生活物资供应。2020 年暴发的新冠肺炎疫情是新中国成立我国遭遇的传播速度最快、感染范围最广、防控难度最大的重大突发公共卫生事件。在党中央的强有力领导下，全国各行各业、各族人民积极动员和响应，坚定信心、同舟共济，科学防治、精准施策，一手抓防疫抗疫，一手抓复工复产、复学复市。当国外迎来疫情第二波、第三波高峰的时候，中国已经在2020年第二季度逐步恢复生产。在当前全球疫情形势严峻的情况下，中国在包括广大医务工作者在内的伟大逆行者的努力下，成为全世界公认的抗疫典范，极大提高了中国人民的安全感、幸福感、获得感。

三、保障和改善民生的基本思路

1. 高举习近平新时代中国特色社会主义思想伟大旗帜

《中国共产党第十九届中央委员会第六次全

体会议公报》指出，党确立习近平同志党中央的核心、全党的核心地位，确立习近平新时代中国特色社会主义思想的指导地位，反映了全党全军全国各族人民共同心愿，对新时代党和国家事业发展、对推进中华民族伟大复兴历史进程具有决定性意义。应当说，这是学习贯彻党的十九届六中全会主要精神最重要的一点。对此，中央政策研究室主任江金权表示，确立习近平同志党中央的核心、全党的核心地位，是时代呼唤、历史选择、民心所向。坚定拥护和维护习近平总书记的核心地位，全党就有定盘星，全国人民就有主心骨，中华“复兴”号巨轮就有掌舵者，面对惊涛骇浪我们就能够做到“任凭风浪起、稳坐钓鱼船”。

因此，高举习近平新时代中国特色社会主义思想的伟大旗帜，以“两个确立”落实“两个维护”，是新时代的赶考之路上我们一切治国理政行为的总原则和总抓手。民生的保障和改善工作自然也不例外。在党的“十三五”规划胜利收官、“十四五”规划顺利开局的背景下，民生工作的开展首先必须要学深悟透习近平总书记的重要论述。十九届六中全会上，习近平总书记在受中央政治局的委托向中央委员会所作的《关于〈中共中央关于党的百年奋斗重大成就和历史经验的决议〉的说明》中，围绕实现第二个百年奋斗目标，强调全党要以咬定青山不放松的执着奋力实现既定目标，以行百里者半九十的清醒不懈推进中华民族伟大复兴；强调必须坚持党的基本理论、基本路线、基本方略，立足新发展阶段、贯彻新发展理念、构建新发展格局、推动高质量发展，协同推进人民富裕、国家强盛、中国美丽；强调必须永远保持同人民群众的血肉联系，不断实现好、维护好、发展好最广大人民根本利益。

习近平总书记的论述表明，在全面建成小康社会、消除绝对贫困的背景下，民生工作不能躺在功劳簿上睡大觉，而是要以咬定青山不放松的精神百尺竿头更进一步。要清醒地看到当前民生工作面临的新要求、新挑战，更要看到民生工作干得好不好，人民群众才是最终的评判者。只有以永远保持同人民群众的血肉联系的态度，才能够让新时代的民生工作不断满足人民群众的美好生活需要，提高人民群众的幸福感、获得感、安全感。

2. 坚定不移推动高质量发展

“坚持在发展中保障和改善民生”的命题中，发展是保障和改善民生的前提和基础。毋庸置疑，面对人民群众日益增长的美好生活需要，能够满足这一需要的发展观只可能是高质量发展。在2017年底召开的中央经济工作会议上，习近平总书记指出，高质量发展，就是能够很好满足人民日益增长的美好生活需要的发展，是体现新发展理念的发展，是创新成为第一动力、协调成为内生特点、绿色成为普遍形态、开放成为必由之路、共享成为根本目的的发展……更明确地说，高质量发展，就是从“有没有”转向“好不好”。习近平总书记关于民生工作的重要论述表明，只有不断推动高质量发展，不断提高发展质量和发展效益，才能够有效推进人民富裕，才能够不断实现好、维护好、发展好最广大人民根本利益。

要推动高质量发展，必须牢牢把握“美好生活需要”这个立足点，切实推进供给侧结构性改革。不断推动质量变革、效率变革、动力变革，提高产品的质量尤其是科技附加值，在保障低端供给的同时有效增加中高端供给，满足人民群众对于物质文化产品更高的需求；推动全要素生产机制的建立，破解传统依赖劳动力和资源能源的落后发展模式，增加人民群众的收入。

要推动高质量发展，必须牢固树立“绿水

青山就是金山银山”的重要理念，破解要经济发展就不能保护环境的两难选择；必须真正认识到绿水青山就是生产力，就是保障和改善民生的重要内容。要通过专责部门监督、党内监督、群众监督、网络监督等多种形式，让党的十九大之后普遍确立的河长制、湖长制、林长制落实落地，压实主体责任。习近平总书记指出，高质量发展不只是对经济发达地区的要求，而是所有地区发展都必须贯彻的要求。因此，各地必须坚定不移地推动高污染高耗能产业的逐步退出，引进低碳环保绿色产业，推动技术升级，保护自然生态环境，让人民群众生活在良好的自然生态环境之中。

要推动高质量发展，必须改变唯 GDP 论英雄的落后观念，提高政治站位，以政治、经济、文化、社会、生态五位一体的总体布局更好推动人的全面发展和社会的全面进步。为此，习近平总书记指出，必须加快形成推动高质量发展的指标体系、政策体系、标准体系、统计体系、绩效评价、政绩考核，创建和完善制度环境，有效遏制政绩冲动，实现全面、协同、可持续，践行发展为了人民、发展成果由人民共享。

3. 保障和改善民生的主要抓手

第一，扩大就业容量，提升就业质量，推动实现充分就业。当前，党中央已经将就业政策与财政政策、货币政策并列为三大宏观政策。我们要以此为抓手，巩固民生之本。从扩大就业容量上看，改革开放以来由于我国党政机关和国有企事业单位自身的性质，承担我国就业主力军的主要是民营经济和自主创业。因此，要扩大就业基本盘，地方党委和政府要坚决落实中央文件明确提出的“坚定不移推动非公有制经济的发展”的重要方针，积极推进针对非公有制经济和自主创业的行政审批与性质许可制度改革，推动简政放权、减税降费，降低水、电、气、宽带、国有房产租金等生产经营成本，缓解融资贵、融资难的老大难，严格遵循《中华人民共和国反垄断法》，维护公平正义的市场竞争格局。从提升就业质量、避免周期性的失业、实现稳定就业来看，企业要建立职工终生培训制度；要加大职业技术学院的培养质量和规模；要建设高质量教育体系，提升全社会尤其是偏远落后地区的教育水平；要健全职工合法权益保护机制。

第二，提高分配的精准性与合理性，努力提高人民收入水平。我国当前的财富分配机制主要包括三个层次。从初次分配来看，关键是要提高劳动报酬的比重，完善工资制度与工资增长机制，更好贯彻落实习近平总书记提出的要让福利和待遇尽量往一线倾斜、往基层倾斜的重要精神，真正让劳有所得、勤劳致富成为社会财富分配的重要准则。从二次分配来看，关键是要提高个人所得税等相关税种的精准性，合理调节过高收入，要多渠道增加城乡居民财产性收入。要通过减少低收入群体的纳税负担、减少居民财产性收入的收税环节、确立合理的纳税水平，严厉打击高收入群体的阴阳合同、偷税漏税等不法行为，缩小社会贫富差距。从三次分配来看，关键是要完善慈善机构运作的透明性与开放性，避免暗箱操作、贪污挪用，真正让慈善资金来自社会、回馈社会，加大对社会底层困难群体的帮扶力度，更好彰显社会主义制度的优越性。

第三，优化教育资源结构，推进教育公平，建设高质量教育体系。首先，要有序推进新型城镇化，避免城镇教育资源的过度稀缺。当前我国城镇化率已经超过 63%，城镇人口超过 9 亿，从而大大加剧了义务教育阶段乃至学前教育和早教阶段的教育成本支出，影响了家庭生活质量的提高。其次，在乡村振兴中要切实保障农村教育资源的质量与供给。要通过《中华人民共和国乡村振兴促进法》的颁布和实施，保障农村地区教育资源的基本供应；通过中小学教师流转制度的实施，优化和改善农村地区的师资力量，提高农村孩子的教育质量。再次，要优化义务教育学位与高等教育招生指标的配给，减少招生工作中的地方保护主义，提高教育事业发展的公益性。最后，要加大教育投入，解决教育欠账问题，增加优质教育资源供给。

数据表明，我国历年教育经费投入虽然持续增加，但财政性教育经费占 GDP 比重长期低于联合国规定的世界基本水平线（4%）。1993 年中央正式提出科教兴国战略，规定 2000 年我国财政性教育经费占 GDP 比重要达到 4%。但由于种种原因，这一目标直到 2012 年才得以实现。在我国劳动力数量不断减少、劳动力短缺的情况下，将教育事业放在优先发展地位，持续增加教育经费投入、提高劳动者教育水平、破解结构性就业矛盾，是推动高质量发展、提高劳动报酬的有效手段。

第四，全面推进医联体建设，破解看病难、看病贵的痼疾，实现病有所医。所谓医联体，指的是区域医疗联合体，是将一个地区的三甲医院、二甲医院、社区医院、个人诊所的医疗力量全面整合，通过大数据实现分级医疗、急慢分治、双向转诊。这一实验最早是在 2011 年由上海交通大学医学院附属瑞金医院领衔，带动、整合区域内的 6 个一二级医疗机构，共同为医联体内的居民服务。这一实验效果良好，获得了当地群众的广泛认可与赞誉，也有效走出了传统分级诊疗体制效果不尽如人意，人民群众得了病之后仍然习惯到大城市、大医院去排长队的困境。在此基础上，各地不断学习和借鉴上海的做法，医联体建设在我国呈现出星星之火可以燎原之势。2020 年 7 月 17 日，国家卫健委与国家中医药管理局联合印发《医疗联合体管理办法（试行）》，启动城市医联体和县域医共体建设试点，在全国 118 个城市、567 个县推进紧密型医联体、医共体建设，逐步实现医联体网格化布局管理。应当说，医联体建设水平的不断提高，给彻底破解看病难、看病贵，实现小病不出县、大病不出省的就近就医新模式提供了良好的改革思路。

第五，祛除投资属性、落实居住属性，完善住房保障制度，实现住有所居。2016 年底召开的中央经济工作会议明确指出，“房子是用来住的、不是用来炒的”。其目的就是为了祛除房屋的投资属性、落实居住属性，从而实现我国商品房市场的平稳发展，避免商品房价格大起大落，推动房地产领域的投资热度不断降温，回归正常状态。进而倒逼地方经济发展理念变革，通过切实推动供给侧结构性改革，优化营商环境、培育新动能，从金融房地产等虚拟产业回归实体行业，尤其是高端装备制造业，夯实民族复兴的重要保障力量。另一方面，彻底革新和优化地方财政结构，矫正土地财政的路径依赖，实现地方经济和财政的可持续发展，奠定加大保障房建设的投资力度，推动建设多层次的住房保障体系，满足不同阶层的住房需要。通过颁布和实施公平透明的保障房分配机制，满足底层困难群体的住房需求，推动社会和谐稳定。

第六章

坚持走全体人民共同富裕道路

共同富裕是社会主义的本质要求，是马克思主义的一个基本目标，也是自古以来中国人的美好生活理想和共同期盼。消除贫困、逐步实现共同富裕，是中国共产党百年来矢志不渝的奋斗目标。实现共同富裕不仅是经济问题，而且是关系中国共产党的执政基础的重大政治问题。当前，中国正在向第二个百年奋斗目标迈进，为适应中国社会主要矛盾的变化，更好满足人民日益增长的美好生活需要，不断夯实中国共产党长期执政基础，必须坚持走全体人民共同富裕道路。

一、共同富裕是社会主义的本质特征

共同富裕一直以来是人类社会的伟大理想和美好愿景。历史告诉我们，富裕水平不仅直接体现生产力的水平，也取决于生产关系的状况。“共同富裕”，需要从生产力和生产关系的结合上来理解。“富裕”体现的是生产力的发展水平，反映的是社会财富拥有的数量；“共同”是社会生产关系的体现，反映的是社会成员对财富的占有方式。共同富裕，说到底就是要让人民群众都过上好日子，这是人类古老而长久的向往，是人类进入文明社会以来的恒久追求。在人类社会处于狩猎社会及部落时代，共同富裕是一个遥不可及的梦想。在这一时期，人类财产分配可能是平均的，但物质财富由于没有剩余也就没有积累，因此完全谈不上富裕，它更类似一种偶然随机状态分布下的均贫社会。人类进入阶级社会后，物质的剩余与积累及完全不对等的分配关系必然导致两极分化社会的产生，古代文明的诞生及大帝国的建筑奇迹在彰显巨大社会财富的同时，也显示人类从此告别狩猎式均贫社会而进入等级社会。对共同富裕的向往，人们最为乐道的是治世、盛世景象，比如中国的“文景之治”“贞观之治”“康乾盛世”。这种繁荣盛景表现为：经济繁荣、物阜民丰，“稻米流脂粟米白，公私仓廪俱丰实”。同时还往往伴随政治清明、国家一统、国泰民安、安居乐业，“九州道路无豺虎，远行不劳吉日出”。但这种繁荣盛景，在时间上往往是短暂的，富裕程度也很低，共同富裕更是难以企及。在壁垒森严的等级社会中，随着财富集中、土地集中、政治资源高度集中，下层社会在王朝晚期往往不得不铤而走险、揭竿而起，通过农民起义的颠覆形式来扭转金字塔等级社会的固态分层,"均贫富"成为响彻千年历史的主旋律。然而,等级社会王朝兴衰规律显示,一个金字塔等级被倾覆了,另一个金字塔体系又随之建立,共同富裕从来不是新帝制王朝的根本目标,有限的社会改良不过在于延缓等级制的瓦解,甚至反向固化了社会不平等结构。

到了资本主义社会,利润最大化的资本逻辑,促使资产阶级在不到一百年的统治中所创造的生产力,比过去一切时代所创造的全部生产力还要多。财富与资本的迅速积累,一方面飞快地推动着社会转型,人类社会体验到前所未有的物质丰裕,但社会化大生产与生产资料的私人占有这一固有矛盾让资本主义制度下的两极分化比以往人类任何社会更加可视化地呈现出来,物质的空前积累与下层阶级的累积贫困所展现的前所未有之反差促使人们更加深刻地反思人类社会不平等的起源。资本主义制度于是陷入了自身所创造的"制度悖论":社会财富增加越快，贫富差距则越大，而社会日益累积的去等级化革命需求及再分配需求相应越高，人类社会对于普遍性的富裕渴求也就越高。19世纪后半叶，资本主义制度风雨飘摇，宛如狂风暴雨中的船只，陷入倾覆的险境之中，而那个时代所建立的社会保障制度乃至后来建立的福利国家，就好像在汪洋大海中投下了一只救生圈，资本主义凭借这只救生圈获救并获得重生，然而资本主义社会所面临的基本制度弊端并未因技术性改革而消失。第二次世界大战结束以后，欧美主要发达国家普遍建立了福利制度，并将社会保障制度逐步扩展到全民，大众民生成为公共政策的重要组成部分。福利政策制定的本意是维护社会公平，但过高的福利却与其初衷不符，人人享有高福利只能让政府、让人民付出更大的代价。自 1990 年以来，随着社会各阶层的福利鸿沟扩大，欧美发达国家距离共同富裕的目标不是更近了，而是更远了。

没有了外在威胁、竞争与约束，福利资本主义体系失去了前行动力与进步改革的魄力。从大历史来看，福利国家对于资本主义的改造更似一种权宜之计，而非资本主义制度本身所追求的核心目标，更不可能实现全社会的共同富裕。

社会主义是人类历史上最美好的社会。但人们对社会主义的认识和追求充满艰难曲折。社会主义最早的形态是空想社会主义。空想社会主义揭露了资本主义的罪恶，批判了资本主义的弊端，为人类描绘了一个人人平等、自由的社会，并按照这一理想建立了“乌托邦”。尽管空想社会主义有一定历史贡献和进步意义，但其理想脱离社会化大生产和人的物质生活，从一定意义上说空想社会主义也成了“平均”“贫穷”的社会主义。显然，这种社会主义难以长期生存发展。科学社会主义扬弃了人类历史上所有关于共同富裕的理论成果，使共同富裕理论由空想走向科学。在马克思主义看来，人类社会遵循客观规律逐级演进，同封建社会代替奴隶社会、资本主义社会代替封建社会是历史必然一样，以共同富裕为要义的社会主义取代人剥削人、人压迫人、贫富两重天的资本主义也是大势所趋。马克思、恩格斯通过分析资本运动而揭示出长期被现象掩盖了的剩余价值本质，公开了寄生者不劳而获和劳动者积累贫困的秘密，明晰了科学社会主义理论的核心要旨，就是通过暴力革命消灭私有制，剥夺剥夺者，还财于民，解放和发展生产力，最终实现共同富裕。对人人共享、普遍受益的社会发展的终极目标，马克思、恩格斯是这样描述的："在共产主义社会高级阶段，在迫使个人奴隶般地服从分工的情形已经消失，从而脑力劳动和体力劳动的对立也随之消失之后；在劳动已经不仅仅是谋生的手段，而且本身成了生活的第一需要之后；在随着个人的全面发展，他们的生产力也增长起来，而集体财富的一切源泉都充分涌流之后——只有在那个时候，才能完全超出资产阶级权利的狭隘眼界，社会才能在自己的旗帜上写上：各尽所能，按需分配！”十月革命胜利后，人类历史上第一个社会主义国家在列宁领导下横空出世，从而使科学社会主义实现了从理论形态到制度建构的决定性一跃，标志着人类历史新纪元的开启。列宁、斯大林在社会主义建设实践中，认为社会主义生产的根本目的就是全体人民的共同富裕。列宁厘清了社会主义与共同富裕的关系，认为实现共同富裕是马克思主义的历史使命，社会主义应该也必须是一个共同富裕的社会。列宁指出：“要消灭人民的贫穷，唯一的方法就是彻底改变全国的现存制度，建立社会主义制度……共同劳动的成果以及从各种技术改良和机器中所得到的好处，都将归全体劳动者、全体工人所有。”“只有社会主义才可能广泛推行和真正支配根据科学原则进行的产品的社会生产和分配，以便使所有劳动者过最美好、最幸福的生活。”“在社会主义制度下，全体工人，全体中农，人人都能在决不掠夺他人劳动的情况下完全达到和保证达到富足的程度。”斯大林则创造性地概括了社会主义基本经济规律：“社会主义只有在高度的劳动生产率基础上，只有在比资本主义制度更高的劳动生产率基础上，只有在产品和各种消费品丰裕的基础上，只有在社会全体成员都过着富裕而有文化的生活的基础上，才能获得胜利。”并指出了达到共同富裕目的的途径：“用在高度技术基础上使社会主义生产不断增长和不断完善的办法，来保证最大限度地满足整个社会经常增长的物质和文化的需要。”在列宁、斯大林等的领导下，苏联曾经在发展生产力的基础上对公有共享、公平分配、增加人民福祉等方面，进行了艰苦努力的探索，成绩斐然。但由于时代的局限性，苏联在社会主义建设中，重视革命、政治建设和大规模经济建设，而对改善民生重视不够。其他社会主义国家在不同程度上照搬苏联模式，也产生了同样的问题。结果人民生活长期得不到明显改善，甚至出现相对“贫困”的局面，与发达资本主义国家的差距扩大。社会主义的优越性得不到充分发挥，人民群众幸福感和获得感不强。这是人们对社会主义的认识存在一些误解和偏差而产生的消极后果，也是东欧剧变、苏联解体的一个重要原因。

虽然社会主义富裕的本质是全体人民共同富裕，但实现共同富裕是一个艰巨而复杂的历史过程，所以在领导建设中国特色社会主义的各个阶段，中国共产党和国家领导人始终强调要高度重视共同富裕的问题，不断要求全党搞清楚，并不断向全体人民讲清楚。

以毛泽东为核心的第一代中国共产党人，把马克思列宁主义同中国国情相结合，最早高度凝练升华出“共同富裕”的简明提法，并开辟出共同富裕大道——在牢固的公有制基础上通往共同富裕。“共同富裕”的概念第一次在中国共产党的文献中出现是在新中国成立后，1953年12月发布的《中共中央关于发展农业生产合作社的决议》中提出“使农民能够逐步完全摆脱贫困的状况而取得共同富裕和普遍繁荣的生活”的美好目标。同时期，毛泽东同志指出：“现在我们实行这么一种制度，这么一种计划，是可以一年一年走向更富更强的，一年一年可以看到更富更强些。而这个富，是共同的富，这个强，是共同的强，大家都有份。”1955年11月22日，全国工商联执委会会议告全国工商界书这样写道：“我们建设社会主义的目的，就是要大家有事做，有饭吃，大家共同富裕。”在一步步探索中，毛泽东设计的通往共同富裕的路径清晰可见。1956年，我国完成了对生产资料私有制的社会主义改造，由此中国进入社会主义建设时期。为了体现人民大众在社会主义制度下当家作主的优越性，为全国人民建设社会主义新中国的高涨热情鼓劲，毛泽东提出了以公平促效率的共同富裕观，并探索形成了以生产资料公有、按劳分配、均中求富的共同富裕模式。毛泽东认为，要实现共同富裕，必须组织起来。他在《组织起来》一文中说："在农民群众方面，几千年来都是个体经济，一家一户就是一个生产单位，这种分散的个体生产，就是封建统治的经济基础，而使农民自己陷于永远的穷苦。克服这种状况的唯一办法，就是逐渐地集体化；而达到集体化的唯一道路，依据列宁所说，就是经过合作社。"组织起来，"是人民群众得到解放的必由之路，由穷苦变富裕的必由之路"。毛泽东对共同富裕之路的探索及其形成的理论，成为邓小平构建和发展中国特色社会主义共同富裕理论的基石。在此基础上，邓小平、江泽民、胡锦涛、习近平等党和国家领导人与时俱进地把共同富裕确定为社会主义的本质和根本原则。同时，在共同富裕理论与实践两个层面，渐次推进，步步升华。

在改革开放中，邓小平结合中国实际，继承、发展了历史上特别是科学社会主义发展历程中关于共同富裕的所有理论成果，建构起中国特色社会主义理论体系，以本质论为线索，对共同富裕理论进行了高度凝练，设计出部分先富、先富带动后富、最终走向共同富裕的方略。他说："社会主义的本质，是解放生产力，发展生产力，消灭剥削，消除两极分化，最终达到共同富裕。"在对整个改革开放和社会主义现代化目标路径进行战略思考的过程中，邓小平反复提醒人们，中国特色社会主义道路，既不是平均主义和贫穷落后的老路，更不是两极分化、剥削至上的"邪路"，社会主义的特征是搞集体富裕，社会主义的目的是促进全体人民共同富裕，"如果我们的政策导致两极分化，我们就失败了；如果产生了什么新的资产阶级，那我们就真是走了邪路了”。他将是否坚持共同富裕作为区分社会主义与资本主义的根本标准。他强调：“在改革中，我们始终坚持两条根本原则，一是以社会主义公有制经济为主体，一是共同富裕。”并指出，共同富裕是最能体现社会主义优越性的东西。为此，他告诫道：“社会主义不是少数人富起来、大多数人穷，不是那个样子。社会主义最大的优越性就是共同富裕。”对于社会主义的发展方向和特点，邓小平明确提出：“社会主义的根本任务是发展生产力，逐步摆脱贫穷，使国家富强起来，使人民生活得到改善。没有贫穷的社会主义。社会主义的特点不是穷，而是富，但这种富是人民共同富裕。”由于我国尚处在社会主义初级阶段，经济社会发展很不平衡，应该允许不同地区、不同人存在着富裕程度和速度快慢的差别。为此，邓小平指出：“我们的政策是让一部分人、一部分地区先富起来，以带动和帮助落后的地区，先进地区帮助落后地区是一个义务。我们坚持走社会主义道路，根本目标是实现共同富裕。”

江泽民在阐述正确处理社会主义现代化建设中的若干重大关系问题时特别指出：“要以邓小平同志关于让一部分地区一部分人先富起来、逐步实现共同富裕的战略思想来统一全党的认识。实现共同富裕是社会主义的根本原则和本质特征，绝不能动摇。”他要求全党同志搞清楚“逐步实现全体人民共同富裕，这是历史唯物主义的真谛”。

胡锦涛在谈到增强经济发展活力问题时也特别提出：“引导和帮助农民走共同富裕道路。”他强调“中国人民将达到现代化基础上的共同富裕”与“中华民族将实现伟大复兴”的同步性。在建党九十周年的时候，他特别提醒全党同志：“坚定不移走共同富裕道路。”

党的十八大以来，以习近平同志为核心的党中央坚持以人民为中心的发展思想，把马克思主义基本原理同新时代中国具体实际结合起来，创立了习近平新时代中国特色社会主义思想，共同富裕是习近平新时代中国特色社会主义思想的核心内容、基本内涵和重要目标。习近平总书记指出，共同富裕是中国特色社会主义的根本原则。中国经过 40 余年的改革开放，经济快速发展，国力大大增强，人民生活水平不断提高。然而，中国社会主要矛盾并没有从根本上得到解决，人民生活水平有待于进一步提高。因而党的十九大明确指出："新时代我国社会主要矛盾是人民日益增长的美好生活需要和不平衡不充分的发展之间的矛盾，必须坚持以人民为中心的发展思想，不断促进人的全面发展、全体人民共同富裕"，并明确了实现节点，提出到 2035 年基本实现社会主义现代化时，全体人民共同富裕迈出坚实步伐；到 21 世纪中叶，把中国建成富强民主文明和谐美丽的社会主义现代化强国时，全体人民共同富裕基本实现。党的十九届四中全会进一步明确了实现方向：“坚持以人民为中心的发展思想，不断保障和改善民生、增进人民福祉，走共同富裕道路。”2021年1月11日，在省部级主要领导干部学习贯彻党的十九届五中全会精神专题研讨班开班式上，习近平总书记深刻阐述实现共同富裕的重要意义：“实现共同富裕不仅是经济问题，而且是关系党的执政基础的重大政治问题。我们决不能允许贫富差距越来越大、穷者愈穷富者愈富，决不能在富的人和穷的人之间出现一道不可逾越的鸿沟。”

2021年8月17日，习近平总书记在中央财经委员会第十次会议上发表重要讲话强调，共同富裕是社会主义的本质要求，是中国式现代化的重要特征，要坚持以人民为中心的发展思想，在高质量发展中促进共同富裕。可见实现共同富裕关涉社会主义的本质与人民对美好生活的期盼，既是经济目标，也是政治任务。作为中国共产党矢志不渝的追求目标，共同富裕始终深嵌于中国革命、建设和改革的实践之中。当前，中国经济已转向高质量发展阶段，共同富裕也衍生出了与这一发展境遇相匹配的新样态。

二、把握共同富裕的内在要求

共同富裕,反映了“富裕”和“共同”两方面的有机统一，也就是“做大蛋糕”和“分好蛋糕”的关系。“富裕”的实质是人民获取生存和生活资料、资源的能力和效率，集中体现在是否拥有充足的休闲时间，体现了社会生产力的发展水平，属于“做大蛋糕”;“共同”意味着全体人民共同享有平等的发展机会和成果，是相对于两极分化现象而言的，体现了社会生产关系的性质，属于“分好蛋糕”。所以，共同富裕是消除了两极分化和贫穷基础之上的普遍富裕，实现“富裕”靠发展、靠效率，实现“共同”靠共享、靠公平。共同富裕具有鲜明的时代特征，在不同的时期，人民群众有不同的要求，共同富裕也就有不同的内在要求。中国特色社会主义进入新时代，新时代共同富裕的内在要求是：促进社会各阶层实现共同富裕，实现全体人民共同富裕，达到全方位共同富裕，靠共同奋斗实现共同富裕，分阶段促进共同富裕。

1. 共同富裕的内在要求是实现全民共富

第一，共同富裕要求实现的不是部分群体的富裕，而是覆盖全国人民，囊括所有群体，让改革发展成果更多更公平惠及全体人民的富裕。邓小平在我国改革开放一开始就特别强调

“社会主义财富属于人民，社会主义的致富是人民共同富裕”。由于市场机制的作用，以及我国秉持的“效率优先、兼顾公平”的经济发展原则，造成了收入分配和财富占有的“两极分化”现象，最富与最贫人群之间的财富和收入差距过大，中等收入人群规模较小。邓小平曾指出，“少部分人获得那么多财富，大多数人没有，这样发展下去总有一天会出问题。分配不公，会导致两极分化，到一定时候问题就会出来。这个问题要解决”。针对新时代社会主要矛盾的转化，习近平总书记指出，要坚持以人民为中心的发展思想，在高质量发展中促进共同富裕，正确处理效率和公平的关系，构建初次分配、再分配、三次分配协调配套的基础性制度安排，扩大中等收入群体比重，增加低收入群体收入，合理调节高收入，取缔非法收入，形成中间大、两头小的橄榄型分配结构，促进社会公平正义，使全体人民朝着共同富裕目标扎实迈进。

第二，共同富裕要求实现的不是局部地区的富裕，是涵盖我国城乡所有区域，实现农村城市协同发展的富裕。农村地区一直是实现共同富裕最突出的短板，因而不同时期的领导人都强调了农村工作是共同富裕中重要一环。毛泽东在主持和参与起草的《中共中央关于发展农业生产合作社的决议》中指出："进一步地提高农业生产力，并使农民能够逐步完全摆脱贫困的状况而取得共同富裕和普遍繁荣的生活是党在农村中工作的最根本的任务。"邓小平也曾指出："要打好农村脱贫攻坚战。耕地少，人口多特别是农民多，这种情况不是很容易改变的。这就成为中国现代化建设必须考虑的特点。"当前，城乡之间收入差距有所缩小，但现在仍处于高位水平，2020 年城镇居民可支配收入是农村居民的 2.55 倍，实现城乡区域协调发展任务十分艰巨。因而，习近平总书记指出，要深入探索破解城乡二元结构、缩小城乡发展差距、健全城乡融合发展的体制机制，建立健全城乡要素平等交换、双向流动政策体系，促进要素更多向乡村流动，增强农业农村发展活力，形成以工促农、以城带乡、工农互惠、城乡一体的新型工农城乡关系，让广大农民平等参与现代化建设进程、共享现代化建设成果。

第三，共同富裕要实现的不是部分区域的富裕，而是涉及所有发达和欠发达地区的富裕。受地理位置、资源禀赋、自然气候、发展战略等因素的影响，地区之间的发展差距还相对较大，总体情况来看，和东部地区相比，西部地区的经济发展一直相对落后。邓小平在 1984 年提出“共同富裕”的谈话中表示：“我们党已经决定国家和先进地区共同帮助落后地区。”“经济发展起来后，当一部分人很富的时候，国家有能力采取调节分配的措施。”在未来，实现共同富裕要充分发挥市场对资源区域配置的决定性作用，尊重产业集聚发展规律，壮大京津冀、长三角、珠三角、西南沿海地区等大江大河三角洲的城市群，和中西部地区的长江中游、成渝、关中平原等城市群。实现区域协调发展、缩小区域间生活水平差距，促进区域间的文化交流和包容。

习近平总书记在提到共同富裕时，特别在前面加上了“全体人民”的限定词，这具有深刻的内涵。反复强调“全体人民共同富裕”，说明中国共产党对共同富裕的不懈追求，在实现脱贫攻坚后,“共同富裕”战略重点从强调“一部分人”开始转变为“全体人民”实现共同富裕。要统筹考虑需要和可能，按照经济社会发展规律循序渐进，自觉主动解决地区差距、城乡差距、收入差距等问题，不断增强人民群众获得感、幸福感、安全感。强调全体人民的共同富裕，就是强调不能停留在一部分人的先富上，也绝不能满足于少数人之间的“共赢”和局部地区内的小范围共富。在共同富裕的道路上，一个民族不能少，一个人不能丢下，才符合社会主义本质要求，才是人民的共同期盼。

2. 共同富裕的内在要求是达到全面富裕

共同富裕既指物质层面的富裕，又指精神、健康层面的富裕，是全面性的富裕。中国努力建设的社会主义现代化，不能只追求物质财富的积累，更重要的是促进人的全面发展，实现全体人民物质生活、精神生活的全面富裕。只有物质文明建设和精神文明建设都搞好，国家物质力量和精神力量都增强，全国各族人民物质生活和精神生活都改善，中国特色社会主义事业才能顺利向前推进。

物质富裕不仅包括收入层面和财富层面，还包括公共服务、基础设施、生态环境等多个方面。实现共同富裕，既要打破唯收入论、唯财富论，又要打破唯物质论。既要“富口袋”，也要“富脑袋”。从经济、政治、文化、社会、生态五大领域看，经济、社会、生态更多属于物质富裕范畴，政治、文化更多属于精神富裕范畴。经济层面：要通过缩小收入差距和财富差距，以实现物质富裕；社会层面：要通过提升公共服务、基础设施基准和供给水平，以实现物质富裕；生态层面：通过改善生态环境，变绿水青山为金山银山，以实现物质富裕；政治层面：要通过实现民主、法治、公平、正义，推动社会公民身份平等、机会平等、待遇平等，充分维护人的尊严，以实现精神富裕；文化层面：要通过推动社会主义精神文明建设，形成更多符合社会主义核心价值观的优质文化内容，提升人民群众精神文化水平，以实现精神富裕。通过打造全方面富裕，实现人的全面发展，社会的全面进步。

3. 共同富裕的内在要求是坚持共建共富

推进共同富裕的关键既在于“如何分钱”，

更在于“如何干活”。共同奋斗是实现共同富裕的根本途径，通过共同奋斗，实现“共建共富”，具体体现在人人参与、人人努力、人人共享。其中，人人参与和人人努力是人人共享的基础，从“共建”走向“共富”，要充分激发全体人民的能动性和创造力，鼓励劳动者通过辛勤劳动、创新劳动、创业劳动实现增收致富，不断提高劳动生产率和全要素生产率，让一切创造财富的源泉充分涌流。同时，不断完善公平分配机制，按照多劳多得、不劳不得、按贡献分配的原则，允许富裕存在先后差别和合理差距。

4. 共同富裕的内在要求是推进逐步富裕

习近平总书记指出：“我国正处于并将长期处于社会主义初级阶段，我们不能做超越阶段的事情，但也不是说在逐步实现共同富裕方面就无所作为，而是要根据现有条件把能做的事情尽量做起来，积小胜为大胜，不断朝着全体人民共同富裕的目标前进。”共同富裕的实现不是一蹴而就的，而是分阶段的动态过程。共同富裕有个从低层次到高层次的发展过程。共同富裕不会一步到位，也不可能同步富裕。各地方要根据发展目标，从现实和可能两个面，分阶段制定时间表和路线图，实事求是、循序渐进，既不能借口情况特殊无所作为，也不能脱离实际，层层下达指标，急于求成。在推进共同富裕建设的进程中，要求尽力而为、量力而行，注重防范化解重大风险，使共同富裕建设与经济发展阶段相适应、与现代化建设进程相协调，不断形成推动共同富裕的阶段性、标志性成果。

共同富裕的实现不是一成不变的，而是一个具有发展性的曲折过程。马克思、恩格斯指出，共同富裕的实现是一个渐进性、曲折性、梯级式的历史性的长期过程，由此，我们就没有理由把共同富裕看作是一个静止不变的模式，没有理由在实现特定阶段共同富裕的目标后就安于现状、不思进取。作为一个发展过程，共同富裕蕴含着极其丰富而深刻的内涵，从一定意义上揭示了人类追求富裕生活的无止境过程。习近平总书记在关于共同富裕的重要论述中指出："促进全体人民共同富裕是一项长期任务，也是一项现实任务。"我们的任务和目的就在于，随着生产力的发展，随着经济和社会的进步，不断揭示共同富裕所蕴含的新内容，不断追求更高层次的新富裕。由此可见，共同富裕的实现是一个动态的、非同时富裕的发展过程，是从低层次到高层次的过程富裕，是随着生产力的发展不断充实新内容的动态过程，共同富裕的动态发展性，也是由人类追求富裕生活的无止境性决定的。

三、探索共同富裕的实现路径

当前中国仍是世界上最大的发展中国家,仍处于并将长期处于社会主义初级阶段。必须立足于社会主义初级阶段这一最大国情，牢牢把握正确方向，探索从全面小康到相对富裕再到共同富裕的实现路径，最终建成具有中国特色的共同富裕社会。

1. 以科学可行的指标体系为依据推动共同富裕

新时代扎实推进全体人民共同富裕必须有科学可行的指标体系作为依据。从共同富裕的本质要求和时代特征出发，共同富裕的实现必然要涉及多个维度的指标。一是反映富裕的指标。只有经济和社会生产力的持续发展，才能为最终实现共同富裕提供坚实的物质基础，重点应当包括人均 GDP、人均可支配收入、居民财富增长等方面。二是反映收入成果共享的指标。共同富裕不是一部分人也不是一部分地区的富裕，是全体人民的共同富裕，是实现全体人民共享美好生活。这一类指标包括缩小城乡收入差距、地区收入差距、居民总体收入差距以及中等收入群体规模扩大等。三是反映生活质量的指标。这一类指标直接反映人民生活质量和公共服务质量，以及评价绿色发展、生态环境质量改善等反映经济与环境协调发展的内容。四是反映人本发展的指标。人的全面发展是实现共同富裕的出发点和落脚点，也是推进共同富裕的最终目的。人的全面发展是人的体力和智力的全面、和谐、充分的发展，对共同富裕的综合评价，最终要反映人民群众的满意程度，包括对获得感、幸福感、安全感的主观认同程度等。反映人本发展的指标包括人均受教育水平、人口平均预期寿命、医疗服务等基本公共服务资源的供应、文化思想丰富程度、平等参与开放水平等，反映了人民群众日益增长的多样化多层次需求是否得到有效保障。总之，新时代扎实推进全体人民共同富裕必须有科学可行的指标体系作为依据，并且可以根据经济社会发展而持续调整和改进，但核心是要在“富裕”和“共同”两个维度共同发力。

2. 以高质量发展为导向推动共同富裕

当前，中国经济已经由高速增长阶段转向高质量发展阶段。高质量发展是一种体现新发展理念，能够很好满足人民日益增长的美好生活需要，并实现发展方式转变、经济结构优化、增长动力转换的发展。在进入全面小康社会之后，随着经济发展阶段的转变和人民生活水平的提高，高质量发展将成为未来较长一段时期内中国经济发展的基本导向和根本要求。为此，必须始终坚持以高质量发展为导向，建立完善高质量现代化经济体系，筑牢推动高质量发展的强大支撑体系，尤其是推动高质量发展的指标体系、政策体系、标准体系、统计体系、绩效考核、人才支撑等，积极探索高质量工业化和城镇化之路，构建城乡区域高质量协调发展的新格局。在新发展理念下，高质量发展的核心要义就是要坚持质量第一、效率优先，依靠创新和开放全面提高发展质量，全面增进人民福祉，实现更高质量、更有效率、更加公平、更可持续、更为安全的发展。要充分利用新一轮科技革命的机遇，全面提高关键领域的原始创新、集成创新和引进消化吸收再创新能力，逐步形成与社会主义现代化强国和共同富裕社会建设相适应的现代科技创新体系，为加快实现由小康社会向富裕社会转型提供强有力的科技支撑。高质量发展这一概念尽管是在谈及经济发展转型时提出来的，但它具有更为丰富的科学内涵，体现了以人民为中心和全面发展的思想，而并非仅仅局限于经济高质量发展领域。除了高效率发展之外，强调平等、可持续和协调发展，绿色发展和安全发展也是高质量发展的应有之义。

3. 以缩小收入差距为着力点推动共同富裕

共同富裕的最终结果是消除各种不合理差距，使全体人民“一个都不能少”地共同迈向富裕水平，共同进入富裕社会。在改善收入分配中，最重要的是缩小不同群体之间、城乡区域之间的收入差距，提高中等收入阶层的比重，这就应当注重三次分配：初次分配一定要讲效率，再次分配要讲公平，第三次分配要讲社会责任。在初次分配方面，要坚持按劳分配为主体、多种分配方式并存，合理提高劳动者报酬及其在初次分配中的比重；逐步完善按要素分配的体制机制，促进国民收入分配更加有序适当、更加公平合理。在再次分配方面，首先在于调整税制结构，降低间接税在税收体系中的地位，提升以所得税为主的直接税在再分配方式中的重要地位，强化税收对于收入的再调节功能，充分发挥税收对收入分配调整的能力。其次要坚持完善社会保障体系，建立健全改善城乡低收入群体的政策体系和长效机制。它是实现共同富裕的托底屏障。作为救助社会脆弱群体的减震器、不同社会阶层之间利益冲突的调节器、社会秩序正常健康发展的稳定器，社会保障发挥着“国家公器”的功能，目的是帮助人们建立稳定的安全预期。作为人类发展中的一种风险化解机制，社会保障是对人们当前危机的化解、潜在风险的防范及整体福利的提升，目的是防范与降低个体的脆弱度，提升个体的幸福度。完善社会保障体系，重点在于制度优化、管理创新和质量提升三个方面。第三次分配的发展，关键在于发展慈善等公益事业，发挥社会第三只手的作用，做“市场不为，政府不能”的事情，对弱者给予有效的社会支持，减少贫困与缩小贫富差距。引导第三次分配发展，需要重点探索符合中国国情的慈善事业发展模式，建立现代财富伦理，推进慈善文化的发展和普及，增强慈善家的捐款热情，提高慈善基金会的社会公信力，充分发挥第三次分配在共同富裕中的作用。此外还要做好脱贫攻坚与乡村振兴的有效衔接，持续巩固脱贫攻坚成果，提升脱贫地区整体发展水平。最终使收入差距缩小到合理范围，持续扩大中等收入群体规模，保障不同群体发展机会公平，促进“橄榄型”收入分配格局的形成，推动共同富裕。

4. 以高水平赋能推动共同富裕

共同富裕不是平均分配财富，而是提升创造财富的能力，确保共享财富的公平机会，实现公平公正的财富共享。在社会主义市场经济条件下，促进人们福利最大化的一个重要条件是要致力于提升人力资本，这里，教育和健康的投资是非常重要的。因而，十九届五中全会强调全面推进健康中国建设，把保障人民健康放在优先发展的战略位置，织牢国家公共卫生防护网，为人民提供全方位全周期健康服务，这是非常重要的。没有健康，就没有参与社会竞争、共享发展成果的重要条件。就教育而言，依然要优先发展，加快建设服务于经济社会高质量发展的高质量教育体系，尤其是要改进人才培养模式、提高人才培养质量、增加人才培养与社会需求的匹配度；大力加强职业技能教育、建设技能中国，提升受教育者的竞争能力和技能岗位吸引力。在提升人力资本外，我们也要强调社会资本的赋能，防范社会联系的松懈乃至个体化、原子化倾向，切实加强社会组织、社会联系，特别是通过全面加强党的领导，充分发挥党的基层组织作用，来促进社会联系的加强和人民群众社会资本的增加。在提升经济资本方面，要注意保护人民群众的合法财富，努力创造其财富保值增值的机会与条件，保护和适当鼓励财产性收入。追求共同富裕、实现共同富裕，其题中之义就是要尊重财富、保护财富、鼓励致富。要坚持以人民为中心，切实保障人民群众当家作主的权利，促进广大人民群众更好地参与政治生活，确保发展方向和大政方针符合广大人民的利益。也就是说，高水平赋能涉及人民群众人力资本、社会资本、经济资本的全面提升和政治参与的不断扩大与完善，这种赋能是促进人民群众更好创造财富、实现共同富裕的重要方面。

5. 以加强精神文明建设推动共同富裕

一个社会的真正进步需要物质和精神的平衡发展，既要注重物质生活的丰富满足，也需关注精神生活的健康充实。随着我国经济的高速发展，特别是伴随着进入全面小康的步伐，人民群众对精神文化生活提出了更高的要求。首先，加强社会主义核心价值观引领。价值认知是价值认同的基础，一个民族的伟大目标实现首先需要凝聚共同的理想，铸就共同的信念，而社会主义核心价值观是全党全国人民团结奋斗的共同思想基础。面对世界百年未有之大变局，尤其是社会各种价值观念和思潮纷繁复杂、人们的思想意识多元多样的新特点，我们迫切需要通过积极培育和践行社会主义核心价值观，来扩大社会共识，加强主流价值观的社会影响力，以此达到强信心、聚民心的目的，把全党全国人民的士气鼓舞起来、精神振奋起来，朝着共同富裕的宏伟目标团结奋进。其次，要加强公民的科学文化素质和道德文化素质，特别是要抓住影响青少年道德观念形成和发展的重要环节，通过家庭、学校、机关、企事业单位和社会各领域，持之以恒地在全体公民中实施道德培育，实现每个国民拥有强健的体魄、昂扬的斗志以及自信的心态，真正经历精神富裕的洗礼。再次，建成社会主义文化强国，全社会要不断提供丰富多彩且有更高精神品位的文化产品和文化服务，把促进全体中国人民实现共同富裕作为党和国家工作的着力点，以满足新时代人民群众多样化、多层次、多方面的精神文化需求。

6. 以高效能治理为手段推动共同富裕

推进国家治理体系和治理能力现代化是中国现代化建设的重要组成部分，也是构建中国特色的共同富裕社会的核心内容。中共十九届四中全会对未来推进国家治理体系和治理能力现代化的总体目标、重点任务和关键举措进行了全面安排部署，开启了新时代“中国之治”的新征程。加快推进国家治理体系和治理能力现代化，必须全面提高国家治理能力和治理水平，增强治理的有效性，实现高效能治理，走中国特色的善治之路。高效能治理或者有效治理，是衡量国家治理体系和治理能力现代化的重要标志。要依靠高效能治理促进高质量发展，加快推动实现由小康社会向富裕社会的转变。在这种转型的过程中，首先必须体制创新，要以市场化改革为导向，全面深化经济、政治、文化、社会和生态文明领域的体制改革，持续激发全社会创造力和市场活力，推动形成内生发展型的共同富裕和普遍繁荣格局。其次要充分发挥制度优势，全面提高治理效能。同时，要加大力度补齐治理体系中的突出短板，强化各领域的薄弱环节，进一步完善国家治理体系，尽快弥补各短板和薄弱环节的治理能力缺口。特别是，要进一步强化乡村治理体系建设，着力推进乡村治理能力现代化，尽快填补乡村治理能力的缺口。此外，要广泛吸引民众参与，积极探索形式多样的社会治理共同体，加快构建共建共治共享的社会治理新格局，积极培育壮大人人有责、人人尽责、人人享有的社会治理共同体，充分发挥市场在社会治理中的调节作用，最大限度挖掘和整合各种社会资源，最大限度激发社会组织活力，营造既稳定有序又充满活力的社会治理生态，实现政府治理同社会调节、居民自治良性互动，为实现共同富裕提供充分的社会条件。

结束语

坚持人民至上，发展新时代中国特色社会主义事业

党的十九届六中全会通过的《中共中央关于党的百年奋斗重大成就和历史经验的决议》（以下简称《决议》）提出的“十个坚持”宝贵经验，是我们党奋斗百年总结出的精神财富、制胜法宝，其中第二条就旗帜鲜明地提出了“坚持人民至上”。在党的十九大报告提出的“十四个坚持”基本方略中，第二条“坚持以人民为中心”，第五条“坚持人民当家作主”，第八条“坚持在发展中保障和改善民生”都与“坚持人民至上”直接相关。还有一些基本方略

虽然未明确提到“人民”，但与“人民至上”有着逻辑上的紧密联系。“坚持人民至上”是我们党自十九大以来对于人民重要性的深化认知，是对一以贯之的党的群众路线的守正创新，是在理论和实践上都有重大意义的关键概括，对于坚持习近平新时代中国特色社会主义思想，发展新时代中国特色社会主义事业有着重要引领作用。

本书旨在抛砖引玉，希望能以书中的六个章节，加深读者朋友们对于“坚持人民至上”这一重要论断的认知，引发读者朋友们对于“坚持人民至上”这一重要论断的深入思考。

后　记

本书由中共湖南省委党校、湖南行政学院公共管理教研部主任艾医卫教授组织撰写。艾医卫教授带领硕士研究生刘亮、许卓撰写“前言”和“结束语”“后记”以及第三章“坚持以人民为中心”；中共湖南省委党校、湖南行政学院公共管理教研部宋安平教授撰写第一章“人民是历史的创造者”；中共湖南省委党校、湖南行政学院公共管理教研部副主任孙翊锋副教授撰写第二章“人民至上是党的核心价值理念”；中共湖南省委党校、湖南行政学院公共管理教研部杨丹副教授撰写第四章“坚持人民当家作主”；中共湖南省委党校、湖南行政学院公共管理教研部副主任牛磊副教授撰写第五章“坚持在发展中保障和改善民生”；中共湖南省委党校、湖南行政学院公共管理教研部王雪珍教授带领硕士研究生何敏、朱思楚撰写第六章“坚持走全体人民共同富裕道路”。

本书以《决议》中的重要论述为根据，对于一些相关的研究成果进行了参考借鉴，在这里表示衷心的感谢。同时，还要感谢湖南省委党校、湖南行政学院公共管理教研部的各位教授、老师的辛勤付出，感谢湖南教育出版社对本书出版的大力支持。

对于本书的不足之处，请读者朋友们不吝批评指正。

艾医卫

2022 年 1 月

图书在版编目(CIP)数据

制胜之道. 坚持人民至上 / 曹健华总主编. —长沙：湖南教育出版社，2022. 2
ISBN 978 - 7 - 5539 - 8767 - 5

Ⅰ. ①制…　Ⅱ. ①曹…　Ⅲ. ①中国共产党—党的建设—研究　Ⅳ. ①D26

中国版本图书馆 CIP 数据核字（2022）第 031731 号

书　　名	制胜之道 · 坚持人民至上 ZHISHENG ZHI DAO · JIANCHI RENMIN ZHISHANG
总 主 编	曹健华
本册主编	艾医卫
责任编辑	杨　宁
责任校对	朱艳红
装帧设计	杨发凯
出版发行	湖南教育出版社(长沙市韶山北路 443 号)
网　　址	www.hneph.com
电子邮箱	hnjycbs@ sina.com
客服电话	0731 - 85486979
经　　销	湖南省新华书店
印　　刷	长沙超峰印刷有限公司
开　　本	787 mm×1092 mm　32 开
印　　张	8. 75
字　　数	102 000
版　　次	2022 年 2 月第 1 版
印　　次	2022 年 2 月第 1 次印刷
书　　号	ISBN 978 - 7 - 5539 - 8767 - 5
定　　价	35. 00 元